THE SCIENCE OF GETTING RICH

부는 어디서 오는가

발행일	2024년 10월 16일
지은이	월리스 와틀스
옮긴이	데이비드 윤
펴낸이	윤승로
펴낸곳	그린랜드북
주소	경남 통영시 데메3길 26-17, 2층
전화	070-8285-3925
등록번호	제2024-000003호

무료음원 https://www.youtube.com/@richwithbook

ISBN   979-11-988301-7-3 (988301)
정가   9,800원

THE SCIENCE OF GETTING RICH

부는 어디서 오는가

월리스 D. 와틀스

GreenLandBook

서문

"이 지침을 따르는 이들은 반드시 부를 얻게 될 것입니다."

이 책은 이론을 넘어서 실용적인 지침을 제공합니다. 철학적 탐구가 아닌, 현실적인 성공을 위한 안내서로, 금전적으로 안정되기를 갈망하는 이들을 위해 쓰였습니다. 이는 단지 부를 얻고자 하는 사람들뿐만 아니라, 부유해진 후에 철학적 사색을 꿈꾸는 이들에게도 해당합니다. 철학에 관한 깊은 연구에 시간이나 기회가 없었던 사람들, 그리고 과학적 결론을 실천에 옮기고자 하는 이들을 위한 책입니다. 모든 과정을 자세히 알 필요 없이, 결론만을 행동으로 옮기면 됩니다.

마치 당신이 마르코니나 에디슨이 발표한 전기의 법칙을 신뢰하듯, 이 책의 기본적인 원칙들을 믿고 행동하면 그것들이 효과가 있음을 알게 될 것입니다. 이 지침을 따르는 이들은 반드시 부를 얻게 될 것입니다. 여기서 소개하는 방법은 정확한 과학에 기반을 두고 있으며, 실패는 없습니다. 하지만, 철학적 근거를 더 연구하고 싶은 이들을 위해 몇몇 권위 있는 참고 자료를 소개합니다.

우주에 대한 일원론적 관점, 즉 모든 것이 하나이며 하나가 모든 것이라는 사상은 힌두교에서 기원하여 지난 200년 동안 서양 사상에 점진적으로 영향을 미쳐왔습니다. 이 관점은 동양 철학뿐만 아니라 데카르트, 스피노자, 라이프니츠, 쇼펜하우어, 헤겔, 에머슨 등 서양 철학의 기반을 형성했습니다.

이 책은 가능한 간결하고 명확하게 쓰였습니다. 제시된 행동 계획은 철학적 결론에서 비롯되었으며, 철저한 검증과 실제 실험을 통해 그 효과가 입증되었습니다. 이 방법은 실제로 효과가 있습니다. 결론에 이르는 과정에 대해 더 알고 싶다면, 앞서 언급한 저자들의 작품을 참고하시길 바랍니다. 그리고 이 철학을 실생활에 적용하여 그 혜택을 직접 경험하고자 한다면, 이 책 지침에 따라 정확히 실행하십시오.

서문 "이 지침을 따르는 이들은 반드시 부를 얻게 될 것입니다." · 03

Part 01

부를 위한 여정을 시작하라

1장. 부를 향한 여정	15
2장. 부자가 되는 과학적 원리	20
3장. 기회는 누구에게나 평등하다	25

Part 02

부의 과학적 원리 이해하기

4장. 부의 과학: 성공을 위한 제1원칙	33
5장. 무한한 부의 공급	41
6장. 생각으로 부를 창조하는 법	49
7장. 풍요로운 삶의 열쇠, 감사	58

Part 03

무한한 가능성을 발견하라

8장. 창조적 방식으로 생각하라	67
9장. 목표 달성을 위한 의지 사용법	73
10장. 의지력을 극대화하는 법	80

Part 04

지금 바로, 행동하라

11장. 지금 바로, 성공하는 방식으로 행동하라	91
12장. 부자가 되는 효율적인 행동 전략	99

Part 05

지속적인 성장을 위한 전략

13장. 자신에게 맞는 분야 찾기	109
14장. 타인에게 성장하는 인상 남기는 법	114
15장. 성장하는 사람들의 비밀	120
16장. 주의 사항	126
17장. 부자가 되는 과학의 핵심	133

PART 01

부를 위한
여정을 시작하라

"부자가 되는 과학을 이해하는 것은

모든 지식 중에서 가장 중요합니다."

제1장

부를 향한 여정

"이 지침을 따르는 이들은 반드시 부를 얻게 될 것입니다."

비록 빈곤을 긍정적으로 바라보려는 시각이 있을지라도, 완전하고 성공적인 삶을 살기 위해 부유해야 한다는 사실은 변하지 않습니다. 충분한 재정이 없으면 자신 재능과 영혼을 최대한으로 발휘하기 어렵습니다. 영혼을 성장시키고 재능을 키우기 위해서는 다양한 경험과 자원이 필요하며, 이를 위해서는 충분한 재정이 필수적입니다.

사람은 다양한 자원을 활용함으로써 정신, 영혼, 그리고 신체적으로 성장합니다. 우리 사회는 물건을 소유하려면 돈이 필요하도록 구성되어 있습니다. 따라서 인간 성장과 발전의 기초는 부를 얻는 과학에 있습니다.

생명의 목적은 성장이며, 모든 생명체는 자신이 도달할 수 있는 성장을 위한 불가침의 권리를 갖습니다.

인간 삶의 권리는 영적, 정신적, 그리고 육체적으로 완전히 성장할 수 있는 모든 것을 자유롭고 제한 없이 누릴 수 있는 권리, 즉 부자가 될 권리를 포함합니다.

이 책에서는 부에 대해 비유적으로 말하지 않을 것입니다. 진정으로 부유하다는 것은 적은 것에 만족하는 것이 아니라, 사용하고 즐길 수 있는 더 많은 것을 추구하는 것입니다. 자연의 목적은 삶의 성장과 확장에 있으며, 모든 사람은 자신 삶을 풍요롭고 아름답게 만들 수 있는 모든 것을 가져야 합니다. 더 적은 것에 만족하는 것은 바람직하지 않습니다.

자신이 원하는 모든 것을 가진 사람은 부유한 사람입니다. 충분한 돈이 없다면, 원하는 것을 가질 수 없습니다. 시대가 빠르게 발전하고 복잡해져서, 평범한 사람이라도 완전한 삶에 가까운 생활을 위해서는 많은 재산이 필요합니다. 모든 사람은 본능적으로 자신의 잠재력을 최대한 발휘하고자 합니다. 이 욕구는 인간 본성에 깊이 뿌리내리고 있습니다. 인생의 성공이란 자신이 되고 싶은 모습으로 완성되는 것입니다. 원하는 모습으로 되기 위해서는 필요한 물건들을 자유롭게 사용할 수 있어야 하며, 이를 위해서는 충분한 부를 쌓아야만 합니다. 따라서 부자가 되는 과학을 이해하는 것은 모든 지식 중에서 가장 중요합니다.

부자가 되고자 하는 욕망에는 아무런 잘못이 없습니다. 사실 부를 갈망하는 것은 더 풍요롭고, 충만하며, 윤택한 삶을 바라는 마음입니다. 이런 욕망은 오히려 칭찬받아 마땅합니다. 풍요로운 삶을 원하지 않는 사람이야말로 비정상적이라 할 수 있습니다. 충분한 돈을 원하지 않는 사람도 마찬가지입니다.

우리가 삶에서 추구하는 세 가지 핵심 요소는 몸, 마음, 그리고 영혼입니다. 이 중 어느 하나도 다른 것보다 더 우월하거나 성스러운 것은 아니며, 모두가 똑같이 소중합니다. 몸, 마음, 그리고 영혼 중 하나라도 소홀히 하면 나머지 두 부분도 온전할 수 없습니다. 오직 영혼만을 위해 살면서 마음과 몸을 무시하는 것은 올바르지 않으며, 지성만을 위해 살면서 몸과 영혼을 소홀히 하는 것도 잘못된 일입니다.

우리는 몸만을 위해 살며 마음과 영혼을 무시하는 삶이 얼마나 비참한 결과를 초래하는지 잘 알고 있습니다. 진정한 삶은 몸, 마음, 영혼을 통해 인간이 발산할 수 있는 모든 것을 완전히 표현하는 것을 의미합니다. 아무도 자신 몸이 모든 기능을 완벽히 발휘하지 못한다면 진정으로 행복하거나 만족할 수 없습니다. 마음과 영혼도 마찬가지입니다. 자신 잠재력을 충분히 발휘하지 못한다면, 그 속에는 만족하지 않은 욕구가 존재합니다. 욕구는 우리 마음속 가능성을 현실로 드러내고 싶어하는 것, 또는 우리가 할 수 있는 능력이 실제로 발휘되고 싶어하는 것입니다.

몸이 완전하고 건강하게 기능하려면 좋은 음식, 편안한 옷, 그리고 따뜻한 보금자리가 필요합니다. 신체적 건강을 위해서는 과도한 노동에서 벗어날 자유와 충분한 휴식, 그리고 여가생활이 필수적입니다.

정신적으로 충만한 삶을 위해서는 책과 이를 탐구할 시간, 여행과 관찰의 기회, 그리고 지적 여가가 필요합니다. 자신을 감동하게 하고 즐길 수 있는 예술과 아름다움으로 자신을 둘러싸야 합니다.

영혼을 충만하게 하려면 사랑이 필요합니다. 그러나 빈곤은 사랑을 표현하는 데 큰 걸림돌이 됩니다.

인간 최고의 행복은 자신이 사랑하는 이들에게 혜택을 주는 데서 찾아옵니다. 사랑은 나눔을 통해 자연스럽고 본능적으로 표현됩니다. 줄 것이 없는 사람은 남편이나 아버지로서, 시민으로서, 또는 인간으로서 자신 역할을 충분히 수행할 수 없습니다. 물질적인 것들을 통해 사람은 신체의 완전한 삶을 발견하고, 마음을 발전시키며, 영혼을 성장시킵니다. 따라서 부자가 되는 것은 그의 삶에 매우 중요한 일입니다.

부자가 되고자 하는 욕구는 당연합니다. 정상적인 사람이라면 그런 욕망을 가질 수밖에 없습니다. 부를 얻는 과학에 집중하는 것은 매우 중요하며, 모든 학문 중에서 가장 고귀하고 필수적인 학문입니다. 이 학문을 소홀히 하는 것은 자신, 신, 인류에 대한 의무를 저버리는 것입니다. 자신 능력을 최대한 발휘하는 것이야말로 신과 인류에 대한 가장 큰 봉사입니다.

제2장

부자가 되는 과학적 원리

"부를 축적하는 과정에는 확실한 법칙들이 있으며, 이 법칙들을
배우고 따르는 사람은 누구나 확실하게 부를 이룰 수 있습니다."

부를 얻기 위한 과학은 분명히 존재합니다. 이는 대수학이나 산수처럼 정밀한 과학입니다. 부를 축적하는 과정에는 확실한 법칙들이 있으며, 이 법칙들을 배우고 따르는 사람은 누구나 확실하게 부를 이룰 수 있습니다. 마치 수학 공식처럼 정확하게 작동하는 이 법칙들을 이해하고 실천하는 것이 중요합니다.

돈과 재산은 특정한 방식으로 일할 때 얻어집니다. 이 방법을 따르는 사람들은 의도하든 아니든 부유해질 수 있습

니다. 반면, 그렇지 않은 사람들은 아무리 열심히 일하거나 뛰어난 능력을 가졌더라도 가난에서 벗어날 수 없습니다.

  원인이 같으면 결과도 같다는 자연의 법칙처럼, 누구나 특정한 방식으로 일하면 반드시 부를 얻게 됩니다.

  부자가 되는 것은 환경의 문제가 아닙니다. 만약 환경이 결정적이었다면, 특정 지역 모든 사람이 부자가 되었을 것입니다. 그러나 같은 환경에서도 부자와 가난한 사람이 함께 살아가는 모습을 우리는 자주 목격합니다. 동일한 지역에서 같은 사업을 하는 두 사람 중 한명은 부자가 되고 다른 한명은 가난하게 남는 경우를 보면, 부자가 되는 것이 환경의 문제가 아님을 확실히 알 수 있습니다.

  부자가 되는 능력은 단순히 재능 때문만은 아닙니다. 많은 재능을 가진 사람들이 가난하게 지내는 반면, 재능이 거의 없는 사람들도 부자가 되는 경우를 자주 봅니다. 부자가 된 사람들을 살펴보면, 그들은 특별한 재능이나 능력을 지닌 것이 아니라, 대체로 평범한 사람들입니다. 그들이 부자가 된 이유는 특별한 재능이나 능력 덕분이 아니라, 특정한 방법으로 일했기 때문입니다.

  부자가 되는 것은 절약이나 검소함의 결과가 아닙니다. 많은 검소한 사람들이 여전히 가난하게 살고, 반대로 돈을 자유롭게 쓰는 사람들이 종종 부자가 되는 모습을 볼 수 있습니다.

남들이 하지 않는 일을 한다고 해서 부자가 되는 것은 아닙니다. 같은 사업을 하는 두 사람이 거의 똑같은 일을 하더라도, 한 사람은 부자가 되고 다른 사람은 가난하거나 파산하기도 합니다.

이러한 사실들로부터 우리는 부자가 되는 것이 특정한 방식으로 일한 결과라는 결론을 내릴 수 있습니다.

부자가 되는 것이 특정한 방식으로 일한 결과라면, 같은 원인은 항상 같은 결과를 낳게 마련입니다. 따라서 그 방식을 따르는 모든 사람은 부자가 될 수 있으며, 이 모든 과정은 정확한 과학의 영역에 속하게 됩니다.

여기서 이 특정한 방식이 너무 어려워서 오직 몇몇 사람만이 따를 수 있는 것은 아닌지 의문이 생길 수 있습니다. 하지만 지금까지 본 바에 따르면, 이는 타고난 재능과는 무관합니다. 재능 있는 사람도, 그렇지 않은 사람도 부자가 될 수 있습니다. 지적으로 뛰어난 사람도, 그렇지 않은 사람도 부자가 될 수 있습니다. 신체적으로 강한 사람도, 약하고 병약한 사람도 부자가 될 수 있습니다.

물론, 생각하고 이해하는 일정 수준 능력은 필수적입니다. 그러나 타고난 재능과 상관없이, 이 글을 읽고 이해할 수 있는 지능을 가진 사람이라면 누구나 부자가 될 수 있습니다.

부자가 되는 것은 환경의 문제가 아닙니다. 물론 장소는 어느 정도 중요할 수 있습니다. 예를 들어, 사하라 사막 한 가운데에서 성공적인 사업을 기대하기는 어려울 것입니다.

 부자가 되려면 사람들과의 거래가 필요하며, 거래할 상대가 있는 곳에 있어야 합니다. 만약 거래 상대가 당신이 원하는 방식으로 거래하려 한다면 더할 나위 없이 좋습니다. 그러나 환경이 주는 이점은 여기까지입니다.

 당신 마을에서 누군가가 부자가 되었다면 당신도 부자가 될 수 있습니다. 만약 당신 도시에서 다른 누군가가 부자가 되었다면, 당신 또한 부자가 될 수 있습니다. 다시 말하지만, 부자가 되는 것은 특정한 사업이나 직업의 선택에 달려있지 않습니다. 모든 사업과 직업에서 사람들은 부자가 될 수 있습니다.

 당신이 좋아하고 적합한 사업에서 최고의 성과를 거둘 수 있습니다. 만약 특정한 재능이 잘 발달해 있다면, 그 재능을 발휘할 수 있는 사업에서 최상의 결과를 얻을 것입니다.

 또한, 당신이 살고 있는 지역에 적합한 사업에서 최고의 성과를 낼 수 있습니다. 아이스크림 가게는 그린란드보다는 따뜻한 곳에서 번창할 것이고, 연어 양식장은 연어가 없는 플로리다보다는 북서부에서 더 잘될 것입니다.

 하지만, 이러한 일반적인 제약을 제외하면, 부자가 되는 것은 특정한 사업에 종사하는 것보다 특정한 방식으로 일하는 방법을 배우는데 달려 있습니다. 만약 당신이 지금 같은 사업을 하고 있고, 같은 지역에서 다른 사람이 그 사업으로 부자가 되었는데 당신은 그렇지 못하다면, 그것은 당신이 그 사람과 같은 방식으로 일을 하지 않았기 때문입니다.

자본이 부족하다고 해서 부자가 될 수 없는 것은 아닙니다. 물론 자본이 있으면 부를 쌓는 과정이 더 쉽고 빠르게 진행됩니다. 하지만 이미 자본을 가진 사람은 이미 부자이므로, 부자가 되는 방법을 고민할 필요가 없습니다. 아무리 가난하더라도, 특정한 방식으로 일을 시작하면 부를 얻기 시작하고 자본을 축적할 수 있습니다. 자본을 축적하는 것은 부자가 되는 과정의 일부이며, 이 특정한 방식을 따를 때 반드시 따라오는 결과 중 하나입니다.

당신이 현재 가장 가난한 사람일지라도, 심각한 빚에 허덕이고, 친구나 사회적 영향력, 자원이 전혀 없다 하더라도, 이 방법으로 일을 시작하면 반드시 부를 얻기 시작할 것입니다. 같은 원인은 반드시 같은 결과를 낳기 때문입니다. 자본이 없다면 자본을 얻을 수 있고, 잘못된 사업을 하고 있다면 올바른 사업으로 옮길 수 있으며, 잘못된 장소에 있다면 올바른 장소로 이동할 수 있습니다. 현재 사업과 위치에서 이 특정한 방법으로 일을 시작함으로써 성공을 이끌어낼 수 있습니다.

제3장

기회는 누구에게나 평등하다.

"아무도 부의 부족으로 인해 가난에 머물러 있지 않습니다.
우리 모두에게는 충분한 부가 존재합니다."

 기회가 사라졌다고 해서 누군가가 가난에 머무는 것은 아닙니다. 다른 사람들이 부를 독점하고 울타리를 쳤다 하더라도, 여전히 새로운 기회는 열려 있습니다. 예를 들어, 대규모 철도 시스템은 이미 잘 독점되어 진입이 어려울 수 있지만, 전기 철도 사업은 아직 초기 단계에 있어 많은 기회를 제공합니다. 항공 교통과 운송은 곧 큰 산업으로 성장할 것이며, 이 분야는 수십만, 아니 수백만 명에게 일자리를 제공할 것입니다. J. J. Hill과 같은 이들과 증기 철도 분야에서 경쟁하기보다는, 항공 교통 발전에 주목하는 것이 더 현명할 것입니다.

철강 회사에서 일하는 근로자가 그 회사 소유주가 될 기회는 거의 없을지라도, 특정한 방식으로 행동하기 시작하면 그 회사를 떠나 대규모 농장을 사고 식품 사업을 시작할 수도 있습니다. 현재 작은 토지에서 집중적으로 경작하는 사람들에게는 큰 기회가 열려 있습니다. 이들은 틀림없이 부를 축적할 것입니다. 땅을 소유할 수 없다고 생각할 수 있지만, 특정한 방식으로 접근한다면 그것은 결코 불가능한 일이 아니며, 여기서 그 방법을 증명해 보일 것입니다.

시대에 따라 기회의 흐름은 사회 필요와 진화 단계에 따라 다양한 방향으로 변합니다. 현재 미국에서는 농업과 관련된 산업과 직업에 기회가 집중되고 있습니다. 오늘날 농부는 공장 노동자보다 더 많은 기회를 누리고 있으며, 농부에게 제품이나 서비스를 공급하는 사업가는 공장 노동자에게 공급하는 이들보다 더 큰 기회를 가질 수 있습니다. 또한, 농업을 지원하는 전문가들은 기존 노동 계층을 지원하는 이들보다 더 많은 기회를 누릴 수 있습니다.

시대 조류를 따르는 사람에게는 풍부한 기회가 주어집니다. 반대로 이를 저항하는 사람은 기회를 놓치게 됩니다. 그러나 공장 노동자들이 개인으로든, 집단으로든 기회가 없는 것은 아닙니다. 그들은 사장이나 대기업들에 의해 억

압당하거나 핍박받고 있지 않습니다. 특정한 방식으로 일하지 않기 때문에 현재 위치에 있을 뿐입니다. 만약 미국 노동자들이 결심한다면, 벨기에와 다른 나라 노동자들처럼 대규모 백화점과 협동조합을 설립할 수 있습니다. 또한 자신들 계층에서 대표를 선출하여 이러한 협동조합 발전을 지원하는 법률을 제정할 수 있으며, 몇 년 안에 산업 분야를 평화롭게 장악할 수 있을 것입니다.

노동 계급은 특정한 방식으로 일을 시작하는 순간, 언제든지 지배 계급이 될 수 있습니다. 부의 법칙은 그들에게도 다른 모든 이들과 같이 적용됩니다. 이를 깨닫지 못하면, 현재 위치에서 벗어나기 어렵습니다. 그러나 개별 노동자는 계급의 무지나 정신적 나태함에 얽매일 필요가 없습니다. 그는 기회의 흐름을 따라 부를 쌓을 수 있으며, 이 책은 그 방법을 알려줄 것입니다.

아무도 부의 부족으로 인해 가난에 머물러 있지 않습니다. 우리 모두에게는 충분한 부가 존재합니다. 미국 내 건축 자재만으로도 지구상 모든 사람을 위한 집을 지을 수 있습니다. 또한, 집약적인 경작을 통해 솔로몬왕 전성기에 입었던 것보다 더 화려한 옷을 모든 사람에게 제공할 수 있는 양모, 면화, 리넨, 비단을 생산할 수 있습니다. 그리고 모든 사람을 호화롭게 먹일 수 있는 충분한 음식도 생산할 수 있습니다. 보이는 자원은 사실상 무한하며, 보이지 않는 자원 역시 실제로 무한합니다.

 모든 것은 하나의 근원 물질에서 비롯됩니다. 지구상 모든 존재는 이 근원 물질로부터 나옵니다.

 새로운 형태는 끊임없이 만들어지고, 기존의 형태는 사라지지만, 결국 모든 것은 하나의 본질이 다양한 형상으로 나타나는 것입니다.

 근원 물질, 즉 무형 물질의 공급에는 한계가 없습니다. 우주는 이 물질로 이루어졌지만, 그것이 전부 사용된 것은 아닙니다. 근원 물질은 우주를 관통하고 그 공간을 채우며, 모든 존재의 근원이 됩니다. 지금까지 만들어진 것보다 수백 배가 더 만들어질 수 있지만, 여전히 우리는 이 물질을 다 소진하지 못할 것입니다.

 따라서, 자원이 부족해 모두가 가난할 수밖에 없다는 것은 사실이 아닙니다. 모두에게 나눌 충분한 자원은 언제나 존재합니다.

 자연은 무한한 부의 보고입니다. 그 자원은 절대 고갈되지 않으며, 근원 물질은 창조 에너지로 가득 차 끊임없이 새로운 형태를 만들어냅니다. 건축 재료가 부족해지면 더 많이 생산될 것이며, 토양이 고갈되어 식량이나 섬유를 만드는 재료가 부족하게 되면, 토양은 재생되거나 새로운 토양이 만들어질 것입니다. 사회 발전 단계에서 인간이 여전히 금과 은이 필요하다면, 지구의 금과 은이 모두 채굴된 후에도 근원 물질은 이를 더 많이 생산해 낼 것입니다. 근원 물질은 인간 수요에 반응하여, 인간이 필요한 것을 언제나 공급할 것입니다.

　이것은 인류 전체에 해당하는 진리입니다. 인류는 항상 풍부한 부를 가지고 있습니다. 개인이 가난하다면, 그것은 그들이 부자가 되는 특정한 방법을 따르지 않기 때문입니다.

PART 02

부의 과학적 원리
이해하기

"생각은 무형 물질에서 유형의 부를 창조할 수 있는 유일한 힘입니다."

제4장

부의 과학: 성공을 위한 제1원칙

"생각은 무형 물질에서 유형의 부를 창조할 수 있는 유일한 힘입니다. 모든 존재의 근원인 이 물질은 사고하는 물질이며, 이 물질이 형상에 대한 생각을 하면 실제 형상이 만들어집니다."

근원 물질은 생각에 따라 움직이며, 자연에서 볼 수 있는 모든 형태와 과정은 이 근원 물질 생각이 가시화된 것입니다. 무형 물질이 어떤 형상을 떠올리면 그 형상을 취하고, 어떤 움직임을 상상하면 그 움직임을 만들어냅니다. 이것이 만물이 창조된 방식입니다. 우리는 생각으로 이루어진 세계에 살고 있으며, 이는 생각으로 이루어진 우주의 일부입니다.

움직이는 우주에 대한 생각은 무형 물질을 통해 확장되

었고, 그 생각에 따라 무형 물질이 움직여 행성계 형상을 취하고 그 형상을 유지합니다. 무형 물질은 생각의 형상을 취하고 그 생각에 따라 움직입니다. 태양계와 행성계가 돌고 있다는 생각을 품으면, 그 생각대로 행성계 형상을 취하고, 그 생각대로 움직입니다. 느리게 자라는 떡갈나무 형상을 생각하면 그 생각대로 움직여 나무를 만들어 내지만, 그 일을 하는 데는 수 세기가 걸릴 수도 있습니다. 무형 물질이 어떤 것을 창조할 때 자신이 설정한 절차를 따라 움직이는 것처럼 보입니다. 떡갈나무를 생각한다고 해서 즉시 다 자란 나무가 형성되는 것은 아니지만, 이미 설정된 성장 과정을 따라 나무를 생산할 힘을 움직이게 합니다.

생각하는 물질에 담긴 모든 형상에 대한 생각은 그 형상을 창조합니다. 그러나 이는 대개 이미 확립된 성장과 행동 경로를 따릅니다.

특정한 집에 대한 생각이 무형 물질에 새겨지면, 즉각적으로 집이 형성되지는 않지만, 무역과 상업에서 이미 작동 중인 창조적 에너지를 그러한 경로로 유도하여 집이 빠르게 건설되도록 할 것입니다. 만약 창조적 에너지가 작동할 수 있는 기존 채널이 없다면, 그 집은 유·무기적 세계의 느린 과정을 기다리지 않고 원시 물질에서 직접 형성될 것입니다.

어떤 형상에 대한 생각도 근원 물질에 새겨지지 않으면

그 형상을 창조할 수 없습니다.

인간은 생각하는 존재로, 스스로 생각을 창조할 수 있습니다. 인간이 손으로 만드는 모든 것은 먼저 그의 생각 속에 존재해야 합니다. 먼저 그것을 생각하지 않고서는 어떤 것도 형성할 수 없습니다.

지금까지 인간은 주로 손으로 하는 일에만 집중해 왔습니다. 육체노동으로 이미 존재하는 형태를 변형하거나 수정하는 데 주력했습니다. 그러나 무형 물질에 자신의 생각을 각인하여 새로운 형태를 창조하는 시도는 거의 하지 않았습니다.

인간이 생각의 형상을 가지면, 그는 자연 재료를 가져와 마음속에 있는 형상을 만듭니다. 그러나 지금까지 인간은 무형 지성과 협력하려는 시도를 거의 하지 않았습니다. '신과 함께' 일하는 방법을 찾지 못했고, 자신이 '신의 일을 할 수 있다'는 상상을 하지 못했습니다. 그는 육체적 노동을 통해 기존 형태를 재구성하고 수정해 왔지만, 자신 생각을 무형 물질에 전달해 사물을 창조할 수 있다는 가능성에 주목하지 않았습니다. 우리는 인간이 자신의 생각을 무형 물질에 전달해 원하는 것을 만들 수 있음을 증명하려고 합니다. 모든 사람이 그렇게 할 수 있으며, 그 방법을 보여주고자 합니다. 이를 위한 첫 번째 단계로 세 가지 기본 명제를 정립해야 합니다.

첫째, 우리는 모든 것이 하나의 근원 무형 물질 또는 실체로부터 비롯되었다고 주장합니다. 겉으로 보기에는 다양한 요소들이 존재하지만, 그것들은 모두 하나의 요소가 다르게 표현된 것에 불과합니다. 유기적이든 무기적이든 자연에서 발견되는 모든 형태는 동일한 물질로부터 만들어진 다른 모습일 뿐입니다. 이 물질은 생각하는 물질이며, 그 안에 담긴 생각은 그 생각의 형상을 창조합니다. 생각하는 물질의 생각이 곧 형상을 만들어내는 것입니다. 인간은 생각하는 존재로서 독창적 생각을 할 수 있는 능력을 가지고 있습니다. 만약 인간이 자신 생각을 근원 물질과 소통할 수 있다면, 그는 자신이 생각하는 것을 창조해낼 수 있습니다. 이를 요약하면,

모든 것은 생각하는 물질로 만들어졌으며, 이 물질은 원시적인 상태에서 우주 틈새를 관통하고, 침투하며, 그 공간을 채웁니다.

이 물질 속에서 생각은 상상한 것을 현실로 만듭니다.

인간은 자신 생각 속에서 사물을 형성하고, 그 생각을 무형 물질에 각인하여 원하는 대상을 창조할 수 있습니다.

이러한 주장을 증명할 수 있느냐고 묻는다면, 논리와 경험을 통해 가능하다고 답하겠습니다. 굳이 자세한 설명 없이도 말입니다.

형상과 사고의 측면에서 추론하면, 우리는 하나의 생각

하는 근원 물질에 도달하게 됩니다. 그리고 이 물질을 통해 추론하면, 인간이 생각하는 것을 형성하는 힘에 이르게 됩니다.

그리고 실험을 통해 그 추론이 사실임을 확인했고, 이것이 내가 가진 가장 강력한 증거입니다.

이 책을 읽고 그 지침에 따라 부자가 된 사람이 단 한 명이라도 있다면, 그것은 제 주장을 뒷받침하는 증거가 됩니다. 만약 이 책이 제시한 대로 행동하는 모든 사람이 부자가 된다면, 이는 누군가가 그 과정을 거쳐 실패하기 전까지는 확실한 증거가 됩니다. 이론은 실패하기 전까지 유효합니다. 그리고 이 과정은 실패하지 않을 것입니다. 왜냐하면 이 책이 말하는 대로 정확히 행동하는 모든 사람이 부자가 될 것이기 때문입니다.

저는 사람들이 특정한 방식으로 일해서 부자가 된다고 말했습니다. 이를 위해 사람들은 반드시 특정한 방식으로 생각해야 합니다.

사람의 행동 방식은 그가 세상을 어떻게 바라보느냐에 따라 결정됩니다.

원하는 방식으로 일을 하기 위해서는 먼저 원하는 방식으로 사고하는 능력을 길러야 합니다. 이것이 부를 향한 첫걸음이 됩니다.

원하는 것을 생각한다는 것은 겉으로 드러난 모습과는

무관하게 진실을 바라보는 것입니다.

모든 사람은 원하는 대로 생각할 수 있는 자연스럽고 내재적인 능력을 갖고 있습니다. 그러나 그런 생각을 실천에 옮기기 위해서는 외형적으로 드러나는 생각을 따르는 것보다 훨씬 더 많은 노력이 필요합니다. 눈에 보이는 대로 생각하는 것은 쉽지만, 겉모습과 상관없이 진실에 따라 생각하는 것은 매우 어렵고, 어떤 일보다도 더 많은 노력을 요구합니다.

사람들은 연속적이고 지속적으로 생각하는 것을 어려워합니다. 이는 아마도 세상에서 가장 어려운 일일 것입니다. 특히 진실이 외형과 상반될 때는 더욱 그렇습니다. 보이는 세계의 모든 외형은 그것을 관찰하는 마음에 일치하는 형상을 만들어내려는 경향이 있습니다. 우리는 진실을 생각함으로써만 이 왜곡 현상을 방지할 수 있습니다.

질병의 외관을 바라보면 당신 마음 속에 질병의 형태가 자리잡습니다. 이는 결국 마음에서 몸으로 이어져 실제 질병으로 나타날 수 있습니다. 그러나 진실을 생각해야 합니다. 질병은 단지 외관상 현상에 불과하며, 실제로는 건강한 상태임을 명심하십시오.

가난의 모습을 바라보면, 당신 마음 속에 가난의 형태가 자리잡습니다. 그러나 진리를 기억하십시오. 가난이 아닌 풍요만이 존재한다는 것을 명심해야 합니다.

  병의 형상에 둘러싸여 있을 때 건강을 생각하거나, 가난 속에서 부를 상상하는 것은 큰 힘을 필요로 합니다. 그러나 이 힘을 얻은 사람은 생각의 주인이 됩니다. 그는 운명을 정복하고 원하는 것을 얻을 수 있습니다.

  이 힘은 모든 겉모습 뒤에 숨겨진 근본적인 진리를 파악함으로써 얻어집니다. 그 진리는 바로 모든 것이 생각하는 실체로부터 만들어진다는 것입니다.

  그러므로 우리는 이 진리를 파악해야 합니다. 이 근원 물질 속에 담긴 모든 생각은 형상을 이루며, 인간은 자신 생각을 이 물질에 각인시켜 그것들이 구체적이고 눈에 보이는 실체로 나타나게 할 수 있습니다.

이 진리를 깨닫게 되면, 우리는 더 이상 의심과 두려움을 갖지 않습니다. 우리 마음속 깊은 곳에서 우리는 깨닫게 됩니다. 원하는 것을 창조하고, 원하는 것을 얻으며, 원하는 사람이 될 수 있다는 사실을 알게 됩니다. 부를 향한 첫걸음을 내딛기 위해, 이 장에서 언급한 세 가지 핵심 원칙을 신뢰해야 합니다. 이 중요한 원칙들을 다시 한 번 강조합니다.

모든 사물이 만들어지는 생각하는 물질이 존재하며, 이 물질은 원시 상태에서 우주의 틈새를 채우고 관통합니다.

이 물질 속 생각은 그 상상을 현실로 만듭니다.

인간은 생각으로 사물을 형성할 수 있으며, 이 무형 물질에 자신 생각을 각인함으로써 생각하는 바를 창조할 수 있습니다.

다른 모든 우주론적 개념을 뒤로하고, 이 일원론적 개념에 집중하십시오. 그것이 여러분 마음속 깊이 자리 잡아 일상 생각이 될 때까지 몰두해야 합니다. 이 문장을 반복해서 읽고, 각 단어를 마음에 새기며 그 의미를 깊이 묵상하십시오. 의심이 들면 그것을 죄악으로 여기고 버리십시오. 이 개념에 반대되는 주장을 듣지 말고, 반대되는 개념을 가르치는 강연이나 잡지, 책에서 멀리하십시오. 믿음이 흔들린다면, 모든 노력이 헛되이 될 것입니다. 왜 이것이 진리인지, 어떻게 가능한지를 묻지 말고, 단순히 믿고 받아들이십시오. 부자가 되는 과학은 이 믿음을 절대적으로 받아들이는 것에서 시작됩니다.

제5장

무한한 부의 공급

"신은 당신이 부유해지기를 원합니다. 당신이 많은 것을 가질 때,
신은 당신을 통해 자신을 더 잘 표현할 수 있기 때문입니다."

 당신은 가난해야 한다는 것이 신의 뜻이거나, 가난함을 통해 신의 목적이 달성된다는 옛 생각의 마지막 흔적까지 버려야 합니다.
 모든 것을 포괄하고 모든 곳에 존재하며, 우리 안에 생명을 부여하는 지적인 물질은 의식적으로 살아있는 물질입니다. 이 물질은 모든 생명체가 갖는 생명 확장에 대한 근본적이고 본능적인 욕구를 지니고 있습니다. 생명은 존재하는 순간부터 자신을 확장하려는 본능을 갖고 있기 때문

에, 모든 생명체는 자신의 생명을 확장하기 위해 끊임없이 노력해야 합니다.

땅에 떨어진 씨앗은 싹을 틔우고, 삶을 통해 수백 개 씨앗을 만들어냅니다. 생명은 존재함으로써 자신을 더욱 풍부하게 만듭니다. 생명은 끊임없이 '더 많은 것'이 되려고 하며, 존재를 계속하기 위해 반드시 그래야 합니다.

지성도 지속적인 성장을 필요로 합니다. 우리 생각은 새로운 생각을 유발하고, 의식은 끊임없이 확장됩니다. 우리가 습득하는 모든 지식은 또 다른 지식을 불러오며, 우리 능력은 계속해서 발전합니다. 우리는 더 많이 알고, 더 많이 행동하며, 더 많이 성장하고자 하는 욕구에 이끌리며, 이러한 욕구는 우리를 끊임없이 앞으로 나아가게 합니다.

더 다양한 지식과 행동, 더 나은 존재가 되기 위해서는 자원과 도구가 필요합니다. 우리는 경험을 통해 배우고 성장하기 때문입니다. 더욱 풍요로운 삶을 위해 부유해져야 합니다.

재물에 대한 욕구는 더 큰 삶을 추구하는 능력의 표현입니다. 모든 욕구는 실현되지 않을 가능성을 이루려는 노력입니다. 욕구는 자신을 표현하려는 힘입니다. 돈을 더 많이 원하게 되는 것은 식물이 자라려는 것과 같은 원리입니다. 그것은 더 완전한 표현을 추구하는 생명력입니다.

하나의 살아있는 물질은 모든 생명의 기본 법칙을 따라

야 합니다. 그것은 더 많이 살고자 하는 열망으로 가득 차 있으며, 사물을 창조해야 할 필요성을 지닙니다.

그 물질은 당신 안에서 더 많은 생명을 원합니다. 그래서 당신이 사용할 수 있는 모든 것을 갖기를 바랍니다.

신은 당신이 부유해지기를 원합니다. 당신이 많은 것을 가질 때, 신은 당신을 통해 자신을 더 잘 표현할 수 있기 때문입니다. 삶의 자원을 무한히 사용할 수 있다면, 신은 당신 안에서 더 많은 생명을 가질 수 있습니다.

우주는 당신이 원하는 모든 것을 가지기를 바랍니다.

자연은 당신의 계획을 지지합니다.

모든 것은 당신을 위해 존재합니다.

이 사실을 진심으로 받아들이십시오.

그러나 중요한 것은 당신의 목적이 모든 것의 목적과 조화를 이루어야 한다는 점입니다.

단순한 쾌락이나 욕망의 만족이 아니라 진정한 삶을 추구해야 합니다. 삶은 육체적, 정신적, 영적 기능의 수행입니다. 각 개인은 자신이 할 수 있는 모든 육체적, 정신적, 영적 기능을 과잉 없이 수행할 때 진정한 삶을 살아갑니다.

부자가 되는 것은 단순히 동물적 욕구를 충족시키기 위한 것이 아닙니다. 그러나 모든 신체 기능의 수행은 삶의 일부이며, 신체 욕구를 정상적이고 건강하게 표현하는 것은 필수적입니다.

부자가 되려는 목표는 단순히 정신적 만족이나 지식을 얻기 위해서, 야망을 충족시키기 위해서, 다른 사람을 능가하기 위해서, 혹은 유명해지기 위해서만이 아닙니다. 이 모든 것들은 삶의 중요한 부분이지만, 지적인 즐거움만을 추구하는 사람은 불완전한 삶을 살게 되며, 자신 운명에 만족할 수 없습니다.

 부자가 되려는 것이 오로지 다른 사람들을 위한 선행, 인류의 구원, 자선과 희생의 기쁨을 위해서만이 아닙니다. 영혼의 즐거움은 삶의 일부일 뿐이며, 다른 부분들보다 더 낫거나 더 고귀하지 않습니다.

 부자가 되고자 하는 이유는 다양합니다. 먹고 마시고 즐기기 위해서, 아름다운 것들로 자신을 둘러싸고 먼 나라를 여행하며 마음을 채우고 지성을 발전시키기 위해서, 사람들을 사랑하고 선행을 베풀며 세상이 진리를 찾도록 돕기 위해서입니다.

 하지만 극단적인 이타주의가 극단적인 이기주의보다 더 낫거나 고상하다고 할 수는 없습니다. 두 가지 모두 잘못된 것입니다.

 신이 다른 사람을 위해 자신을 희생하라고 요구하며, 그렇게 함으로써 신의 은혜를 얻을 수 있다는 생각을 버려야 합니다. 신은 그런 것을 원하지 않습니다.

 신이 원하시는 것은 당신이 자신을 위해, 그리고 다른 사람을 위해 최선을 다하는 것입니다. 당신이 자신을 최대한 활용해야 다른 사람을 더 많이 도울 수 있습니다.

당신이 진정으로 자신 능력을 발휘하기 위한 유일한 길은 부를 쌓는 것입니다. 그러니 이를 위해 전력을 다하는 것은 칭찬받을 만합니다.

그러나 기억해야 할 점은, 지적인 물질이 바라는 것은 모든 사람을 위한 것이며, 그 움직임은 모두의 삶을 더 풍요롭게 만드는 것입니다. 이 물질은 모든 사람에게 동등하게 존재하며, 부와 좋은 삶을 추구합니다.

지적인 물질은 당신을 위해 물건을 만들지만, 다른 사람에게서 빼앗아 주는 것이 아닙니다.

경쟁에 대한 생각을 버려야 합니다. 이미 만들어진 것을 두고 경쟁하는 것이 아니라, 새로운 것을 창조해야 합니다.

다른 사람에게서 아무것도 빼앗을 필요가 없습니다. 무리한 흥정이나 속임수를 쓸 필요도 없습니다. 다른 사람에게 적은 보수를 주고 일을 시킬 필요도 없습니다. 다른 사람 재산을 탐내거나 부러운 눈길로 바라볼 필요는 없습니다. 남이 가진 것을 빼앗지 않고도, 당신도 같은 것을 소유할 수 있습니다.

　당신은 경쟁자가 아닌 창조자가 되어야 합니다. 당신이 원하는 것을 얻으면서, 다른 사람들도 지금보다 더 많은 것을 가질 수 있도록 해야 합니다.

　물론, 정반대 방식으로 부자가 된 사람들이 있다는 것을 알고 있습니다. 그들은 탁월한 능력으로 경쟁에서 성공을 거두었으며, 자신도 모르는 사이에 근원 물질과 연결되어 인류 진보를 위한 위대한 목적에 이바지했습니다. 록펠러, 카네기, 모건 같은 인물들은 생산적 산업을 체계화하고 조직하는데 중요한 역할을 했으며, 그들 노력은 결국 모든 사람 삶을 향상하는데 크게 이바지했습니다. 그러나 이들 시대는 점차 끝나가고 있으며, 그들은 생산 뿐만 아니라 유통의 새로운 시대를 준비하는 후계자들에게 그들 역할을 넘겨줄 것입니다.

이 백만장자들은 마치 선사 시대의 거대 파충류와 같습니다. 그들은 진화 과정에서 필요한 역할을 했지만, 결국 그들을 만들어낸 힘으로 소멸될 것입니다. 또한, 대부분 백만장자가 실제로는 진정한 부를 누리지 못했다는 점을 명심해야 합니다. 그들 사생활을 들여다보면, 비참하고 불행한 삶을 살았던 경우가 많습니다.

경쟁에서 얻은 부는 결코 만족스럽고 영구적이지 않습니다. 오늘은 내 것이더라도 내일은 다른 사람 것이 될 수 있습니다. 과학적이고 확실한 방법으로 부자가 되려면, 경쟁적인 사고에서 완전히 벗어나야 합니다. 자원이 한정되어 있다고 절대 생각해서는 안 됩니다. 모든 돈이 은행가나 다른 이들에 의해 독점되고 통제되고 있기 때문에 그것을 막기 위해 법을 만들어야 한다고 생각하는 순간, 당신은 경쟁적인 사고에 빠지게 되고, 창조의 힘을 잃게 됩니다. 더 나쁜 것은, 이미 시작한 창조적 움직임을 스스로 멈출 수도 있다는 점입니다.

지구에는 아직 발견되지 않은 수많은 금이 숨겨져 있음을 기억하십시오. 그리고 만약 그 금이 없다 하더라도, 당신 필요를 충족시키기 위해 생각하는 물질로부터 더 많은 것이 창조될 것임을 믿으십시오. 내일 새로운 금광을 발견하기 위해 수천 명이 필요할지라도, 당신이 필요로 하는 돈은 반드시 제공될 것입니다.

눈에 보이는 공급만을 의지하지 말고, 항상 무형 물질 속에 있는 무한한 부를 바라보십시오. 무한한 부가 당신에게 빠르게 올 수 있으며, 당신이 그것을 얻고 사용할 수 있음을 믿으십시오. 누구도 눈에 보이는 공급을 독점함으로써, 당신이 얻어야 할 것을 막을 수 없습니다.

집을 지을 때 좋은 땅이 모두 다른 사람에게 차지될 것이라고 걱정하지 마십시오. 대기업이나 독점 기업들이 곧 모든 것을 소유할 것이라는 두려움에 휩싸이지 마십시오. 다른 사람이 당신보다 먼저 원하는 것을 가질까 봐 걱정하지 마시길 바랍니다. 그런 일은 절대 일어나지 않습니다. 당신이 원하는 것은 다른 사람이 가진 것이 아닙니다. 당신이 원하는 것은 무형 물질에서 창조되는 것이며, 그 공급에는 한계가 없습니다. 여기서 기본 원칙들을 다시 생각해 봅시다.

모든 것은 생각하는 물질에서 만들어지며, 그것은 우주의 틈새를 채우고 관통합니다.

이 물질 속 생각은 그 생각이 그린 형상을 현실로 만듭니다.

인간은 자신 생각으로 사물을 형성할 수 있으며, 그 생각을 무형 물질에 각인함으로써 원하는 것을 창조할 수 있습니다.

제6장

생각으로 부를 창조하는 법

"당신은 대가 없이 무엇인가를 얻으려 하지 않아도 됩니다. 오히려 당신은 받는 것보다 더 많은 가치를 다른 사람에게 줄 수 있습니다. 이는 진정한 성공의 비결입니다."

내가 당신에게 무리한 흥정을 할 필요가 없다고 말한 것은, 거래 자체를 하지 말라는 뜻이 아닙니다. 또한, 다른 사람과의 거래가 불필요하다는 의미도 아닙니다. 내가 전하고자 하는 바는, 거래할 때 상대방을 불공정하게 대할 필요가 없다는 것입니다. 당신은 대가 없이 무엇인가를 얻으려 하지 않아도 됩니다. 오히려 당신은 받는 것보다 더 많은 가치를 다른 사람에게 줄 수 있습니다. 이는 진정한 성공의 비결입니다.

당신이 받은 것보다 더 많은 가치를 상대방에게 제공하면, 모두에게 이익이 되는 거래를 할 수 있습니다. 모든 사람에게 현금 가치보다 더 많은 현금 가치를 줄 수는 없지만, 그들이 준 현금 가치보다 더 큰 사용 가치를 제공할 수 있습니다. 예를 들어, 이 책의 종이, 잉크, 기타 재료는 당신이 지급한 현금 가치만큼의 가치를 지니지 않을 수도 있습니다. 그러나 이 책에서 제안한 아이디어가 당신에게 수천 달러의 이익을 가져다준다면, 이 책을 판매한 사람은 당신에게 손해를 끼친 것이 아니라, 적은 현금 가치로 큰 사용 가치를 제공한 것입니다.

내가 수천 달러 가치를 지닌 유명 화가의 그림을 가지고 있다고 가정해 봅시다. 이 그림을 에스키모와 500달러 상당의 모피로 교환했다고 합시다. 이는 에스키모에게 부당한 거래입니다. 에스키모에게는 그 그림이 아무런 쓸모가 없기 때문입니다. 그 그림은 그의 삶에 어떠한 사용 가치도 더해주지 않습니다.

내가 에스키모와 50달러 상당의 총을 모피와 교환한다고 합시다. 이 거래는 에스키모에게 유익합니다. 에스키모는 그 총을 사용하여 사냥을 통해 더 많은 모피와 식량을 얻을 수 있으며, 이는 그의 삶을 윤택하게 하고 부를 증대시키는 수단이 됩니다.

  경쟁 세계에서 창조의 세계로 올라서면, 우리는 사업 거래를 훨씬 더 신중하게 검토할 수 있습니다. 만약 당신이 제공하는 것이 상대방 삶에 더 큰 가치를 더하지 못한다면, 그 사업을 중단할 수 있습니다. 사업은 남을 이기는 게임이 아닙니다. 만약 당신이 남을 이겨야만 하는 사업에 종사하고 있다면, 즉시 그곳에서 벗어나십시오.

  모든 거래에서 상대방에게 현금 가치 이상의 사용 가치를 제공하십시오. 그러면 당신은 모든 사업 거래를 통해 세상의 삶을 풍요롭게 만들 수 있습니다.

  만약 당신에게 직원이 있다면, 그들에게 지급하는 임금

보다 더 많은 가치를 얻어야 합니다. 그러나 사업을 운영하면서 모든 직원이 매일 조금씩 성장할 수 있도록 도울 수 있습니다.

이 책이 당신에게 해주는 것처럼, 당신도 직원들을 위해 사업을 운영할 수 있습니다. 즉, 사업을 모든 직원이 부를 향해 올라가는 사다리로 만들 수 있습니다. 그리고 그 기회를 주었음에도 직원이 그렇게 하지 않는다면, 그것은 당신 책임이 아닙니다.

당신이 부를 창출하는 것은 무형 물질로부터 비롯된다는 것을 이해해야 합니다. 그러나 그것들이 당신 눈앞에 즉시 나타나지는 않을 것입니다.

예를 들어, 당신이 재봉틀을 원한다고 가정해 봅시다. 생각하는 물질에 재봉틀 생각을 각인시키자마자 그것이 당신이 앉아 있는 방이나 다른 곳에서 바로 나타난다는 의미는 아닙니다. 하지만 재봉틀을 원한다면, 그것이 만들어지고 있거나 당신에게 오고 있다는 확실한 믿음을 가지고, 그 정신적 이미지를 유지하십시오. 생각을 한번 각인시킨 후에는 재봉틀이 오고 있다는 절대적인 믿음을 가져야 합니다. 재봉틀에 대해 생각하거나 말할 때는 반드시 도착할 것이라고 확신하고, 그것은 이미 당신 것이라고 믿으십시오.

그것은 최고 지성의 힘으로, 사람들 마음을 움직이는 과정을 통해 당신에게 올 것입니다. 당신이 메인주에 살고 있다 해도, 텍사스나 일본에서 온 사람과 거래를 통해 결국 원하는 것을 얻게 될 수도 있습니다. 만약 거래가 성사된다면, 그 거래는 그 사람에게도, 당신에게도 이득이 될 것입니다.

생각하는 물질이 모든 곳에 존재하며, 모든 것과 소통하고 영향을 미칠 수 있음을 한순간도 잊지 마십시오. 더 풍요로운 삶을 갈망하는 생각하는 물질의 욕구가 이미 세상 모든 재봉틀을 만들어냈습니다. 그 갈망과 믿음, 그리고 특정한 방식으로 행동함으로써 수백만 개 재봉틀을 더 창조할 수 있는 것입니다.

당신은 집에 재봉틀을 갖게 될 것입니다. 그리고 당신이 원하고, 당신 삶과 다른 사람들 삶을 발전시키는 데 사용할 수 있는 어떤 것이라도 확실히 가질 수 있습니다.

크게 요구하는 데 주저하지 마십시오. 예수님께서 "두려워하지 말라, 작은 무리여! 너희에게 나라를 주시기를 아버지께서 기뻐하셨느니라"라고 말씀하셨습니다.

근원 물질은 당신이 가능한 모든 것을 경험하며 살아가기를 원합니다. 당신이 가장 풍요로운 삶을 살기 위해 필요한 모든 것을 갖기를 바랍니다.

당신이 부를 소유하고자 하는 욕망이 전능하신 분의 뜻과 일치한다는 사실을 인식하면, 당신 믿음은 흔들리지 않을 것입니다. 이렇게 하면 당신은 모든 영역에서 무한한 가능성을 발휘할 수 있습니다.

한번은 피아노 앞에 앉아 멋진 연주를 하고 싶지만, 뜻대로 되지 않아 슬퍼하며 괴로워하는 한 소년을 보았습니다. 내가 그에게 왜 그러냐고 물었을 때, 그는 "음악이 내 안에서 느껴지는데, 손이 제대로 움직이지 않아요."라고 대답했습니다. 그의 속에 흐르는 음악은 모든 생명의 가능성을 담고 있는 근원 본질의 충동이었으며, 모든 음악이 그 아이를 통해 표현되고자 했던 것입니다.

신은 인류를 통해 살고, 행동하고, 즐기고자 합니다. 신은 말합니다. "경이로운 건축물을 짓고, 신성한 선율을 연주하며, 영광스러운 그림을 그릴 손이 필요하다. 내 사명을 수행할 발, 내 아름다움을 볼 눈, 위대한 진리를 말하고 아름다운 노래를 부를 입이 필요하다." 신의 본질적인 충동은 모든 음악이 그 아이를 통해 표현되고자 했던 것입니다.

모든 가능성은 사람을 통해 표현될 것입니다. 신은 아름다운 곡을 연주할 수 있는 이들이 피아노와 모든 악기를 갖고, 그들 재능을 최대한 발휘할 수 있는 수단을 갖기를 원합니다. 아름다움을 감상할 수 있는 이들이 자신을 둘러싼 아름다운 것들로 채울 수 있기를 바랍니다. 또한, 진리를 분별할 수 있는 이들이 여행하고 관찰할 모든 기회를 얻기를 원합니다. 멋진 옷을 감상할 수 있는 이들이 아름답게 차려입고, 좋은 음식을 즐길 수 있는 이들이 풍족하게 먹기를 원합니다.

 신이 모든 것을 원하는 이유는 신 자신이 그것들을 즐기고 감상하기 때문입니다. 신은 노래하고, 아름다움을 즐기고, 진리를 선포하며, 멋진 옷을 입고, 좋은 음식을 즐기고자 합니다.

 바울은 "하나님이 너희 속에서 그의 선한 뜻을 이루시려고, 원하시며 행하게 하시느니라"라고 말했습니다.

 당신의 부를 향한 갈망은, 마치 신이 피아노 앞의 작은 소년을 통해 자신을 표현하려 했던 것처럼, 당신을 통해 신 자신을 표현하려는 것입니다.

 그러므로 크게 요구하는 데 주저하지 마십시오.

 당신 역할은 하나님의 바라는 바에 집중하고, 그것을 표현하는 것입니다.

 대다수 사람은 오래된 잘못된 믿음을 품고 있습니다. 자신들 가난과 희생이 신을 기쁘게 한다고 여깁니다. 그들은 가난을 신의 큰 계획이나 자연 질서 일부로 인식합니다. 신이 이미 모든 것을 완성하시고 만들 수 있는 모든 것을 이미 만드셨다고 생각합니다. 그래서 대부분 사람은 나눌 수 있는 것이 충분하지 않기 때문에 가난하게 살아야 한다고 믿습니다. 이러한 잘못된 생각 때문에 많은 부를 요구하는 것을 부끄럽게 여기며, 겨우 자신을 편안하게 유지할 수 있는 소박한 생활 수준만을 바랍니다.

 어떤 가난한 학생 이야기를 들려드리겠습니다. 그는 원하는 것들의 명확한 이미지를 마음에 그려야 그것들이 무

형 물질에 각인된다는 조언을 받았습니다. 월세 집에 살며 하루 벌어 하루 먹고 사는 그는 모든 부가 자신 것임을 이해하지 못했습니다. 깊이 생각한 끝에 자신 월세 집에 새 카펫과 추운 날씨를 이겨낼 난로만을 요구하기로 결심했습니다. 몇 달 동안 이 책 지침을 따른 후, 그는 원하는 것들을 얻었습니다. 그때 자신이 너무 작은 것들을 요구했다는 사실을 깨달았습니다. 그는 집을 둘러보며 자신이 바라는 모든 개선 사항을 마음속에 그렸습니다. 여기에는 새로운 방을 추가하는 등 가장 이상적인 집을 완성하는 계획이 포함되었습니다. 그런 다음 가구 배치까지 계획했습니다.

이 전체적인 이미지를 마음에 간직하며 그는 확고한 방향으로 나아가기 시작했습니다. 결국 그는 그 집의 주인이 되어, 자신이 마음속에 그렸던 대로 집을 리모델링하고 있습니다. 더 큰 믿음을 가지고 그는 더 위대한 것들을 향해 나아가고 있습니다. 그의 믿음대로 이루어진 것처럼, 당신과 우리 모두에게도 동일한 일이 일어날 것입니다.

제7장

풍요로운 삶의 열쇠, 감사

"정신적 안정과 수행의 전 과정은 단 하나의 단어로 요약될 수 있습니다. 그것은 '감사'입니다."

앞 장의 예시를 통해, 당신은 부를 얻기 위한 첫 단계가 바로 자신이 바라는 것들을 무형 물질에 전달하는 것임을 알게 되었습니다.

이는 명백한 사실이며, 이를 위해서는 무형의 지성과 조화로운 방식으로 관계를 맺는 것이 필요하다는 것을 알게 될 것입니다.

이러한 조화로운 관계를 확보하는 것은 매우 중요하고 필수적입니다. 여기서 이를 자세히 설명하고, 당신이 따르기만 하면 신과 완벽한 마음의 일치를 이룰 수 있는 지침을 제공하겠습니다.

정신적 안정과 수행의 전 과정은 단 하나의 단어로 요약될 수 있습니다. 그것은 '감사'입니다.

첫째, 모든 것이 비롯되는 하나의 지적인 물질이 있다고 믿고, 둘째, 이 물질이 당신이 원하는 모든 것을 제공한다고 믿으며, 셋째, 깊은 감사의 마음으로 자신과 지적인 물질을 연결하는 것입니다.

많은 사람이 다른 모든 면에서 올바르게 살아가지만, 감사가 부족해서 가난에서 벗어나지 못합니다. 신으로부터 한 가지 선물을 받고도 감사하지 않으면 신과의 연결이 끊어지기 때문입니다.

부의 근원에 가까이 있을수록 더 많은 부를 받게 된다는 것, 그리고 항상 감사하는 마음을 가진 영혼이 감사함으로써 신과 밀접한 관계를 유지한다는 것은 명백한 진리입니다.

우리에게 좋은 일이 있을 때 감사하는 마음을 가지면, 신과 친밀한 관계를 유지할 수 있습니다. 그러면 좋은 일들이 더 빠르게, 그리고 더 풍족하게 우리에게 다가옵니다. 그 이유는 감사하는 마음이 축복의 근원과 우리를 더욱 밀접하게 연결하기 때문입니다.

감사가 마음을 우주의 창조적 에너지와 더 조화롭게 만든다는 것이 새롭게 느껴진다면, 진지하게 생각해 보십시오. 그러면 그것이 사실임을 깨닫게 될 것입니다. 이미 가지고 있는 모든 좋은 것들은 특정한 법칙을 따르는 결과입니다. 감사는 마음을 축복이 오는 길로 이끌고, 창조적 사고와 긴밀한 조화를 유지하게 하여 경쟁적 사고에 빠지지 않도록 도와줍니다.

감사만이 당신을 전체로 향하게 하고, 공급이 한정되어 있다는 잘못된 생각에서 벗어나게 합니다.

당신이 원하는 결과를 얻고자 한다면, 감사의 법칙을 반드시 따라야 합니다.

감사의 법칙은 작용과 반작용이 항상 동등하고 반대 방향으로 작용한다는 자연 원리입니다. "신께 다가가면, 신도 당신에게 다가오신다'라는 말처럼, 당신 마음에서 우러나오는 신에 대한 감사와 찬양은 반드시 신에게 도달하며, 그 반응 또한 즉각적입니다.

당신이 매사에 감사함을 느끼면, 무형 물질 반응도 강력하고 지속적일 것입니다. 당신이 바라는 것들은 언제나 당신을 향해 다가올 것입니다. 예수님께서 항상 "아버지, 제 기도를 들어주셔서 감사합니다"라고 말씀하셨던 것을 기억하십시오. 감사 없이는 큰 힘을 발휘하기 어렵습니다. 감사가 바로 당신을 신과 연결해 주는 고리 역할을 합니다.

그러나 감사의 진정한 가치는 미래에 더 많은 축복을 받는 데만 있지 않습니다. 감사하지 않으면 현재 상황에 대한 불만족스러운 생각에서 벗어날 수 없습니다.

현재 상황에 불만족한 순간, 당신은 퇴보하기 시작합니다. 평범하고, 가난하고, 지저분하고, 천한 것들에 주의를 기울이게 되면, 당신 마음은 이러한 것들을 닮아갑니다. 그러면 이 정신적 이미지들이 무형 물질에 전달되어 결국 평범하고, 가난하고, 지저분한 것들이 당신에게 돌아오게 될 것입니다.

당신의 마음이 열등한 것에 머무르면, 당신도 열등해지고, 주변도 열등한 것들로 채워집니다.

반면, 최고의 것을 주목하면, 당신은 최고인 것들로 둘러싸이고 최고의 존재가 됩니다.

우리 안의 창조적 힘은 우리가 주의를 기울이는 대상의 모습으로 우리를 형성합니다.

우리는 생각하는 존재이며, 생각하는 존재는 항상 그 생각의 대상을 형상화합니다. 감사하는 마음은 늘 최고를 지향하기 때문에 결국 최고가 되며, 최고를 받아들이게 됩니다.

또한 감사는 믿음을 낳습니다. 감사하는 마음은 좋은 것들을 기대하게 만들고, 이 기대는 믿음으로 발전합니다. 감사는 믿음을 만들어내고, 그 믿음을 강화합니다. 감사할 줄 모르는 사람은 믿음을 유지하기 어렵습니다. 믿음 없이는,

다음 장에서 보겠지만, 창조적 방식으로 부를 이루기 어렵습니다.

그러므로 당신은 뭐든 좋은 것에 감사하는 습관을 길러야 합니다. 그리고 지속적으로 감사를 표현하십시오.

모든 것이 당신 발전에 이바지했으므로, 모든 것들에 대해 감사해야 합니다.

부유한 기업가나 독점 자본가들의 단점이나 잘못된 행동에 대해 생각하거나 말하는 데 시간을 낭비하지 마십시오. 때로는 그들 덕분에 당신은 기회를 얻었을 수도 있습니다.

부패한 정치인들에 대해 분노하지 마십시오. 정치인들이 없다면 우리는 무정부 상태에 빠지고, 당신 기회는 훨씬 줄어들 것입니다. 신은 오랜 시간 동안 인내하며 함께하고 있습니다. 그들이 더 이상 필요 없게 되는 때가 오면, 신은 그들을 심판하실 것입니다. 하지만 지금은 그들 모두가 당신의 부가 당신에게 오도록 돕고 있음을 기억하고, 그들에게도 감사하십시오.

이는 당신을 모든 것의 선과 조화로운 관계로 이끌 것이며, 모든 것의 선이 당신에게로 오도록 할 것입니다.

PART 03

무한한 가능성을
발견하라.

"명확한 비전 뒤에는 그것을 실현하고
구체적으로 표현하려는 의지가 있어야 합니다."

제8장

창조적 방식으로 생각하라

"명확한 비전 뒤에는 그것을 실현하고 구체적으로 표현하려는
의지가 있어야 합니다."

6장으로 돌아가 자신이 원하는 집 이미지를 마음속에 그린 남자 이야기를 다시 읽어보십시오. 그러면 부를 향한 첫 단계를 이해할 수 있을 것입니다. 원하는 바를 정확하고 확실한 이미지로 그려야 합니다. 당신이 명확한 이미지를 가지고 있지 않다면, 그 이미지를 무형 물질에 전달할 수 없습니다.

많은 사람이 원하는 것, 가지고 싶은 것, 되고 싶은 것에 대해 모호하고 흐릿한 개념만 가지고 있기 때문에 무형 물질에 깊은 인상을 주는 데 실패합니다.

단순히 '선한 일을 하기 위해 부자가 되고 싶다'라는 일반적인 소망만으로는 충분하지 않습니다. 그러한 소망은 누구나 가지고 있습니다.

좋은 곳으로 여행하고, 많은 것을 보고, 풍요롭게 살고 싶다는 소망만으로는 부족합니다. 그런 소망은 누구나 가지고 있습니다. 친구에게 문자 메시지를 보낼 때, 단순히 알파벳을 순서대로 보내서 받는 사람이 스스로 메시지를 구성하게 하지는 않을 것입니다. 또한 사전에서 무작위로 단어를 골라 보내지도 않을 것입니다. 의미가 있는 문장을 보낼 것입니다. 당신이 원하는 것들을 무형 물질에 각인시키려 할 때도 마찬가지입니다. 논리적인 문장으로 해야 한다는 것을 기억하십시오. 무엇을 원하는지 명확히 알고, 확실해야 합니다.

구체화하지 않은 바람이나 막연한 소망만으로는 결코 부자가 될 수 없으며, 창조적 힘을 만들어낼 수도 없습니다.

앞서 6장에서 소개한 남자가 자신이 원하는 집을 상상한 것처럼, 당신도 바라는 것들을 철저히 살펴보십시오. 당신이 정말로 원하는 것이 무엇인지 확인하고, 그것을 얻었을 때 어떤 모습일지, 명확한 이미지를 마음속에 그려보십시오.

그 명확한 이미지를 항상 마음속에 간직해야 합니다. 마치 선원이 항구를 향해 배를 항해하듯이, 당신도 언제나 그것을 향해 나아가야 합니다. 항해사가 나침반에서 눈을 떼지 않는 것처럼, 당신도 목표에서 눈을 떼지 말아야 합니다.

특별한 집중 훈련을 하거나 기도를 위해 따로 시간을 낼 필요는 없습니다. 이러한 것들도 좋지만, 가장 중요한 것은 당신이 원하는 것이 무엇인지 알고, 그것을 간절히 원해서 항상 생각 속에 유지하는 것입니다.

여가 시간을 최대한 활용하여 당신이 바라는 것들의 이미지를 마음속에 그리는 데 시간을 보내십시오. 진정으로 원하는 것은 별도의 시간이나 노력이 필요하지 않습니다.

부를 향한 당신의 열망은 마치 나침반 바늘이 자석 양극을 향하듯이 생각을 확고히 목표에 고정할 만큼 뜨거워야 합니다. 그 열정이 부족하다면, 이 책 지침을 따르는 것이 크게 의미가 없을 것입니다.

여기 제시된 방법들은 정신적 나태함과 편안함을 극복하고, 부를 향해 적극적으로 행동할 수 있는 강렬한 열정을 가진 이들을 위한 것입니다.

그러므로 당신은 원하는 바를 확실히 그려내고, 그것이 이루어졌을 때 세부 사항들을 마음속에 깊이 새기시길 바랍니다. 그렇게 할수록 당신의 열망은 강해지고, 그 열망이 강해질수록 원하는 바에 대한 이미지가 마음속에 더욱 쉽게 각인될 것입니다.

하지만 명확한 그림을 그리는 것만으로는 충분하지 않습니다. 만약 그것이 전부라면, 당신은 그저 몽상가일 뿐, 실제로 원하는 바를 이루어내기는 어려울 것입니다.

당신의 명확한 비전 뒤에는 그것을 실현하고 구체적으로 표현하려는 의지가 있어야 합니다.

이 의지에는 굳건하고 흔들림 없는 믿음이 필요합니다. 그 믿음은 당신이 원하는 것이 이미 당신 것이 되었고, 이제 그것을 소유하기만 하면 된다는 것입니다.

현실로 이루어질 때까지, 당신이 원하는 새집에서 이미 살고 있다고 상상하십시오. 그리고 마음속으로 당신이 원하는 것들을 바로 지금 완전히 즐기십시오.

예수님께서 말씀하셨습니다. "그러므로 너희가 기도할 때, 무엇이든지 구하는 것은 이미 받은 것으로 믿어라. 그리하면 그대로 될 것이다."

원하는 것들을 실제로 당신 주변에 있는 것처럼 그리고 자신이 그것들을 이미 소유하고 사용하는 것처럼 상상하십시오. 그 이미지들이 명확하고 또렷해질 때까지 정신적 이미지에 집중하십시오. 마음의 주인으로서, 당신이 바라는 것들이 이미 당신 것이라는 확신이 흔들리지 않도록 주의하시길 바랍니다.

저는 이전 장에서 감사에 대해 말했습니다. 당신이 원하는 것들을 가질 것이라는 것을 항상 감사하는 마음으로 받아들이십시오. 상상 속에서 소유하는 것들에 대해 진심으로 신에게 감사하는 사람이 진정한 믿음을 가졌다고 할 수 있습니다. 그는 부자가 될 것이며, 자신이 원하는 것을 창조해 낼 것입니다.

당신이 원하는 것들에 대해 반복해서 기도할 필요는 없습니다. 매일 신께 그것에 대해 말할 필요도 없습니다.

예수님께서 제자들에게 말씀하셨습니다. "이방인들처럼 중언부언하지 마라. 너희 아버지께서는 너희가 구하기 전에 너희가 필요한 것을 이미 아신다."

당신은 바라는 것들을 반복적인 말로 표현하기보다는, 흔들림 없는 의지와 반드시 이룰 것이라는 굳건한 믿음을 가지고 비전을 유지해야 합니다.

기도의 응답은 말할 때 믿음이 아니라, 행동할 때 믿음에 따라 결정됩니다.

특정한 날을 정해 신에게 기도하고, 그 나머지 시간 동안은 신을 잊는다면 신의 마음을 감동하게 할 수 없습니다. 특정 시간에만 기도하는 것도 마찬가지입니다.

입으로 하는 기도는 자신에게 비전을 명확히 하고 믿음을 강화하는 데 도움이 되지만, 그것만으로는 원하는 것을 얻을 수 없습니다. 부를 얻기 위해, 필요한 것은 '기도의 시간'이 아니라, 끊임없이 기도하는 자세입니다. 기도란 굳건한 비전을 세우고, 그것을 현실로 만들려는 믿음을 지속적으로 유지하는 것을 의미합니다. 성경에도 "믿으라, 그러면 받을 것이다"라는 구절이 있습니다.

비전을 명확히 세운 순간부터, 당신은 '받는 것'에 초점을 맞추어야 합니다. 비전을 세운 후에는, 신께 존경하는 마음을 가지고 구두로 기도하는 것이 좋습니다. 그 순간부터 마음속으로 당신이 구한 것을 이미 받았다고 생각해야 합니다. 원하는 새집에서 살고, 고급 옷을 입고, 원하는 자동차를 타고, 가고 싶은 여행을 떠나며, 자신 있게 더 큰 여행을 계획하십시오. 당신이 소망한 모든 것을 이미 소유하고 있는 것처럼 생각하고 말하십시오. 원하는 환경과 재정 상태를 상상하고, 그 환경과 재정 상태에서 살고 있는 것처럼 행동하십시오. 하지만 이를 단순히 몽상가나 공상가처럼 하지 말고, 상상이 현실이 되고 있다는 믿음을 가지며, 그것을 현실로 만들겠다는 확고한 의지를 가지십시오. 믿음과 의지가 상상력을 사용할 때 과학자와 공상가의 차이를 만든다는 것을 기억하십시오. 이 사실을 알게 된 지금, 의지를 올바르게 사용하는 방법을 배워야 합니다.

제9장

목표 달성을 위한 의지 사용법

"사람들은 경쟁이 아닌 창조를 통해 부자가 되는 법을 배워야 합니다."

과학적인 방법으로 부자가 되려면, 의지력을 자신 이외의 것에 사용하려고 하지 마십시오.

당신은 그렇게 할 권리가 없습니다. 다른 사람에게 당신이 원하는 것을 강요하기 위해 의지력을 사용하는 것은 옳지 않습니다.

정신적인 힘으로 사람들을 강요하는 것은 물리적인 힘으로 강요하는 것만큼이나 명백히 잘못된 행위입니다. 물리적인 힘으로 강요하는 것이 사람을 노예로 만드는 것이라면, 정신적인 수단을 통해 강요하는 것도 원칙적으로는 다르지 않습니다. 물리적인 힘으로 물건을 빼앗는 것이 강도라면, 정신적인 힘으로 물건을 빼앗는 것도 강도입니다.

당신은 타인 이익을 위해서라도 자신 의지력을 사용할 권리가 없습니다. 왜냐하면 당신은 무엇이 그의 이익을 위한 것인지 모르기 때문입니다.

부자가 되는 과학은 어떤 식으로든 다른 사람에게 권력이나 힘을 가할 것을 요구하지 않습니다. 그렇게 할 필요가 전혀 없으며, 실제로 다른 사람에게 의지력을 행사하려는 시도는 당신 목적을 달성하는 데 방해가 될 뿐입니다.

당신은 무언가를 얻기 위해 의지력을 사용할 필요가 없습니다. 그것은 신에게 강요하는 것이며, 미련하고 무의미할 뿐만 아니라 무례한 일입니다.

해를 뜨게 하려고 의지력을 사용하지 않듯이, 신에게 좋은 것을 달라고 강요할 필요가 없습니다.

비우호적인 신을 정복하거나 완고하고 반항적인 세력이 당신 뜻을 따르게 하려고 의지력을 사용할 필요는 없습니다.

근원 물질은 당신에게 우호적이며, 당신이 원하는 것을 얻고자 하는 것보다 당신이 원하는 것을 주기를 더 간절히 원합니다.

부자가 되려면 의지력을 당신 자신만을 위해 사용해야 합니다.

무엇을 생각하고 행동해야 할지 알게 되면, 당신은 올바른 생각과 행동을 하는 데 의지력을 사용해야 합니다. 그것이 바로 의지의 올바른 사용법이며, 자신을 올바른 길로 이끄는 방법입니다. 특정한 방식으로 생각하고 행동하도록 의지력을 사용하십시오.

당신 의지나 마음을 어떤 사물이나 다른 사람에게 영향을 주려고 시도하지 마십시오.

마음을 편안히 유지하십시오. 그러면 더 많은 것을 이룰 수 있습니다.

원하는 것에 대한 정신적 이미지를 형성하고, 그 비전을 실현할 수 있도록 마음을 활용하십시오. 그리고 올바른 방식으로 마음을 유지할 수 있도록 의지를 사용하십시오.

당신 믿음과 목적이 꾸준하고 지속적일수록, 근원 물질에 긍정적 영향을 주기 때문에 더 빨리 부자가 될 것입니다.

당신 소망을 확고한 믿음과 목적을 가지고 시각화하면, 그 이미지가 무형 물질에 받아들여져 전 우주에 퍼지게 됩니다.

이 이미지가 확산하면서, 모든 만물은 그 실현을 향해 움직이기 시작합니다. 생물과 무생물, 그리고 아직 창조되지 않은 것들 모두가 당신 소망을 실현하기 위해 움직일 것입니다. 모든 힘이 당신이 원하는 방향으로 작용하고, 모든 것이 당신을 향해 다가옵니다. 모든 사람의 마음은 당신 소망을 이루기 위해, 필요한 행동을 하도록 영향을 받으며,

무의식적으로 당신을 위해 일하게 됩니다.

만약 무형 물질에 부정적인 인상을 주면, 그 결과는 즉시 나타납니다. 확고한 믿음과 목적이 자신을 향한 움직임을 시작하는 반면, 의심이나 불신은 자신으로부터 멀어지는 움직임을 만듭니다. 부자가 되기 위해 '정신과학'을 활용하려는 대부분의 사람이 실패하는 이유는 바로 이 점을 이해하지 못하기 때문입니다. 의심과 두려움, 그리고 걱정 속에서 보내는 모든 시간은 지적인 물질에서 당신을 멀어지게 만듭니다. 모든 약속은 믿는 이들에게 주어지며, 오직 그들에게만 이루어집니다. 예수님이 믿음의 중요성을 얼마나 강조했는지 생각해 보십시오. 그러면 그 이유를 알게 될 것입니다.

믿음은 무엇보다 중요하기 때문에 당신 생각을 지켜야 합니다. 그리고 당신의 믿음은 관찰하고 생각하는 것들에 의해 크게 영향을 받기 때문에, 주의를 기울여야 합니다.

여기서 의지가 사용됩니다. 당신의 주의를 어디에 집중할지 결정하는 것은 바로 당신 의지에 달려 있습니다.

부자가 되고 싶다면 가난에 관해 연구해서는 안 됩니다.

사물은 그 반대를 생각한다고 해서 얻어지는 것이 아닙니다. 질병을 연구한다고 해서 건강을 얻을 수 없고, 죄를 연구한다고 해서 정의가 세워지지 않으며, 가난을 연구한다고 해서 부자가 되는 것은 절대 아닙니다.

가난에 관해 이야기하지 말고, 가난을 조사하거나 관심 두지 마십시오. 그 원인이 무엇인지 신경 쓰지 마십시오. 당신은 그들과 아무 관련이 없습니다.

 당신이 걱정해야 할 것은 해결책입니다.

 자선 사업이나 자선 운동에 너무 많은 시간을 보내지 마십시오. 오히려 근절하고자 하는 비참함을 지속시키는 경향이 있습니다.

 부자가 되는 것, 그것이 가난한 사람들을 도울 수 있는 최선의 방법입니다.

 그리고 가난에 대한 이미지로 마음을 채우면 부자가 될 수 있는 정신적 이미지를 가질 수 없습니다. 빈민가 거주자들의 비참함, 아동 노동의 참혹함 등에 대한 상황을 설명하는 책이나 신문을 읽지 마십시오. 결핍과 고통에 대한 우울한 이미지로 마음을 가득 채우는 어떤 것도 읽지 마십시오.

 이런 것들에 대해 아는 것만으로는 가난한 사람들을 조금도 도울 수 없으며, 그런 사실이 널리 퍼진다고 해서 가난이 사라지지도 않습니다.

 가난을 없애는 것은 가난한 사람들 마음에 부에 대한 이미지를 떠올리게 하는 것입니다. 당신 마음이 가난의 이미지를 거부하는 것이 가난한 사람들을 비참함 속에 방치하는 것이 아닙니다.

가난을 생각하는 부자의 수를 늘리는 것이 아니라, 부자가 되려는 믿음을 가진 가난한 사람들을 늘림으로써 가난이 사라질 수 있습니다.

가난한 사람들에게 필요한 것은 자선이 아니라 자극입니다. 자선은 그들에게 빵 한 조각을 주어 비참한 삶을 이어가게 하거나 잠시 동안 오락거리를 제공할 뿐이지만, 자극은 그들을 비참함에서 벗어나게 할 수 있습니다. 가난한 사람들을 돕고 싶다면, 그들이 부자가 될 수 있음을 증명해 보이십시오. 스스로 부자가 되어 그것을 보여주는 것이 가장 좋은 방법입니다.

이 세상에서 가난을 근절할 수 있는 유일한 방법은 이 책의 가르침을 실천하는 사람들이 지속적으로 늘어나는 것입니다.

사람들은 경쟁이 아닌 창조를 통해 부자가 되는 법을 배워야 합니다.

경쟁을 통해 부자가 되는 사람은 자신이 올라간 사다리를 던져 버려 다른 사람이 올라오지 못하도록 합니다. 그러나 창조를 통해 부자가 되는 사람은 수많은 사람이 따라올 수 있는 길을 열어주고, 그들을 격려합니다.

가난을 동정하거나 가난에 관해 이야기하는 사람들의 말을 듣지 않는다고 해서 당신이 무정하거나 냉혹한 것은 아닙니다. 의지력을 발휘하여 가난이라는 주제에서 마음을

 멀리하고, 당신이 원하는 비전에 대한 믿음과 목적을 가지고 마음을 집중시키십시오.

제10장

의지력을 극대화하는 법

"경쟁 세계에서 부자가 되기 위한 싸움은 다른 사람 위에 올라서기 위한 것이지만, 창조적인 사고로 바뀌면 모든 것이 달라집니다."

부를 향한 명확하고 올바른 비전을 유지하기 위해서는, 외적이든 내적이든 반대되는 이미지에 주의를 기울이지 말아야 합니다.

과거에 재정적 어려움이 있었다면, 그것에 대해 이야기하거나 생각하지 마십시오. 부모의 가난이나 어린 시절 고생에 대해 말하지 마십시오. 그것에 대해 언급하는 것은 정신적으로 당신을 가난한 사람들과 동일시하는 것이며, 부의 흐름을 방해할 것입니다.

예수님이 말씀하셨습니다. "죽은 자를 죽은 자끼리 장사하게 하고 너는 나를 따르라."

 가난과 관련된 모든 것을 완전히 뒤로하고, 당신이 옳다고 믿는 우주 이론을 받아들이고, 그것이 옳다는 것에 모든 희망을 걸어보십시오.

 세상이 종말을 고하고 있거나 악마에게 가고 있다는 등의 부정적인 책이나 글을 읽지 마십시오. 세상은 진보하고 있으며, 이는 경이로운 변화 과정입니다.

 현재 불쾌한 것들이 많이 있을 수 있지만, 그것들이 사라지는 과정에 너무 집중하면 오히려 그 사라짐을 지연시키고 유지하게 될 뿐입니다. 진화적 성장이 저절로 제거해 나가는 것들에 시간과 관심을 쏟기보다는, 당신이 할 수 있는 부분에서 성장을 촉진하여 변화를 빠르게 이끄는 것이 더 현명합니다.

 어떤 국가나 지역 상황이 아무리 끔찍해 보일지라도, 그것만을 고려하는 것은 시간을 낭비하고 기회를 놓치는 일입니다.

 인류가 부유해지는 것에 관심을 가지십시오.

 인류가 가난해지는 것을 생각하지 말고 부유해지는 것을 생각하십시오. 인류가 부유해지는 것을 돕는 유일한 방법은 경쟁이 아닌 창조적 방법을 통해 당신 자신이 부유해지는 것입니다. 전적으로 부유해지는 것에 관심을 기울이고 빈곤을 무시하십시오.

빈곤한 이들에 대해 생각하거나 말할 때, 그들을 불쌍히 여기기보다는 그들이 부자가 될 것으로 생각하고 말하십시오. 그러면 그들이 자극을 받아 탈출구를 찾기 시작할 것입니다.

부를 향해 전념하는 것이 남에게 인색하거나 비열해져야 한다는 뜻은 아닙니다.

진정으로 부유해지는 것은 모든 것을 포괄하는 가장 고귀한 목표입니다.

경쟁 세계에서 부자가 되기 위한 싸움은 다른 사람 위에 올라서기 위한 것이지만, 창조적인 사고로 바꾸면 모든 것이 달라집니다.

위대함과 영혼의 발전, 봉사와 숭고한 행위는 모두 창조적인 방법으로 부를 얻음으로써 실현됩니다.

당신이 신체적으로 건강하지 않다면, 부를 얻는 것이 그 조건을 개선하는 데 도움이 될 수 있음을 알게 될 것입니다.

경제적 근심에서 벗어나 여유롭게 생활하고 깨끗한 환경에서 지내는 사람만이 신체적 건강을 유지할 수 있습니다.

도덕적, 영적 위대함은 생존 경쟁을 초월한 사람에게만 가능하며, 창조적 방식으로 부자가 되는 사람만이 경쟁의 부정적인 영향에서 벗어날 수 있습니다. 가정의 행복을 추구한다면, 사랑은 세련되고 높은 수준의 사고, 그리고 부정적인 영향이 없는 곳에서 가장 잘 자라난다는 것을 기억하십시오. 이러한 요소들은 창조적인 사고를 통해, 경쟁이나 갈등 없이 부를 이루어낸 곳에서만 찾아볼 수 있습니다. 당신 마음이 평화롭고 창조적인 사고로 부를 달성할 때, 진정한 가정의 행복을 경험할 수 있습니다.

부자가 되는 것은 그 자체로 위대하고 고귀한 목표입니다. 시야를 흐리거나 가리는 모든 것을 배제하고, 부의 정신적 이미지에 집중해야 합니다.

당신은 모든 것에서 근원적인 진리를 보는 법을 배워야 합니다. 겉으로는 부정적인 조건들이 있더라도, 항상 전진하며 더 큰 표현과 완전한 행복을 향해 나아가는 위대한 생명력을 보아야 합니다.

가난이라는 것은 존재하지 않으며, 오직 부만이 존재한다는 것이 진리입니다.

일부 사람들은 자신에게 부를 이룰 가능성이 있다는 사실을 알지 못하기 때문에 가난에 머물러 있습니다. 이는 당신이 직접 부유한 삶을 보여줌으로써 가장 잘 가르칠 수 있습니다.

또 다른 사람들은 부의 길이 있다는 것을 알지만, 지적으로 나태하여 그 길을 찾고 가는 데 필요한 정신적 노력을 기울이지 않기 때문에 가난합니다. 이들에게는 진정한 부로부터 오는 행복을 보여줌으로써 그들의 열망을 불러일으키는 것이 가장 좋은 방법입니다.

그리고 어떤 사람들은 과학에 대한 개념은 있지만, 형이상학적이고 신비로운 이론의 미로에 빠져 어떤 길을 가야 할지 몰라서 여전히 가난합니다. 그들은 여러 방법을 시도하지만 모두 실패합니다. 이런 경우, 당신 삶과 실천에서 올바른 방법을 보여주는 것이 가장 좋은 방법입니다. 작은 실천이 정교한 이론보다 더 큰 가치를 지닙니다.

 당신이 인류를 위해 할 수 있는 가장 좋은 일은, 자신을 최대한 활용하는 것입니다.

 신과 인간에게 봉사하는 가장 효과적인 방법의 하나는 부를 얻는 것입니다. 단, 경쟁적인 방법이 아닌 창조적 방법으로 부를 얻을 때 그렇습니다.

 이 책에서는 부를 얻는 과학 원리를 상세히 설명하고 있습니다. 만약 그것이 사실이라면, 다른 책을 찾아볼 필요가 없습니다. 수학에서 덧셈, 뺄셈, 곱셈, 나눗셈만큼 과학적인 계산 방법은 없으며, 두 점 사이 최단 거리는 단 하나뿐입니다. 과학적으로 생각하는 유일한 방법은 목표로 가는 가장 직접적이고 단순한 경로를 따르는 것입니다. 아직 이 책에서 제시한 것보다 간단하고 명확한 체계는 없습니다. 이 책 내용에 집중하십시오.

 이 책을 매일 읽고 항상 가까이 두며, 내용을 기억하고 다른 체계나 이론에 대해서는 생각하지 마십시오. 그렇지 않으면 의심이 생기고, 생각이 흔들리며, 결국 실패로 이어질 수 있습니다.

 부자가 된 후에는 다른 방법을 얼마든지 공부할 수 있지만, 원하는 것을 확실히 얻을 때까지는 서문에 언급된 저자가 아닌 다른 책을 읽지 말고, 긍정적인 뉴스만을 읽으십시오.

 신비주의 연구는 자제하고, 영성학이나 심령학에 관심을 두지 마십시오. 죽은 자들이 아직 살아 있고 가까이 있을지라도, 그들을 내버려두고 자신 일에 집중하십시오.

 죽은 자의 영혼이 어디에 있든, 그들에겐 그들만의 할 일과 해결해야 할 문제가 있으며, 우리는 간섭할 권리가 없습니다. 우리는 그들을 도울 수 없으며, 그들이 우리를 도울 수 있는지조차도 의문입니다. 그들 시간을 침범할 권리도 없습니다. 죽은 자와 그들 세계는 내버려두고, 당신 자신 문제를 해결하여 부자가 되십시오. 신비주의에 빠지기 시작하면 정신적 혼란을 일으켜 당신의 희망이 좌절될 것입니다. 지금까지 이 장과 앞선 장들은 우리에게 다음과 같은 기본 명제를 알려주었습니다.

 만물이 만들어지는 생각하는 물질이 있으며, 이 물질은 원시 상태로 우주 공간에 스며들고 침투하며 채워집니다.
 생각은 이 물질 안에서 형상화된 사물을 만들어냅니다.
 인간은 생각으로 사물을 형성할 수 있으며, 무형 물질에 자신 생각을 각인시켜 그가 상상하는 사물을 만들어낼 수 있습니다.

이를 위해, 인간은 경쟁적 사고에서 창조적 사고로 전환해야 하며, 원하는 것에 대한 명확한 정신적 이미지를 형성해야 합니다.

그리고 원하는 것을 얻겠다는 확고한 목표 의식과 그것을 얻을 수 있다는 흔들림 없는 믿음으로, 이 이미지를 생각 속에 담아야 합니다. 그리고 자신의 목적을 흐리게 하거나 믿음을 꺾으려는 모든 것에 대해 흔들리지 않아야 합니다.

이 모든 것에 더해, 이제 우리는 특정한 방식으로 생활하고 행동해야 함을 알게 될 것입니다.

PART 04

지금 바로
행동하라

"원하는 것이 찾아왔을 때 그것을 제대로 받으려면,

지금 환경 속에서 즉시 행동해야 합니다."

제11장

지금 바로, 성공하는 방식으로 행동하라

"원하는 것이 찾아왔을 때 그것을 제대로 받으려면, 지금 환경 속에서 즉시 행동해야 합니다."

 사고는 창조적인 힘이자 그 힘을 작동시키는 추진력입니다. 특정한 방식으로 생각하는 것은 부를 가져다줄 수 있지만, 생각만으로는 충분하지 않습니다. 많은 형이상학 사상가들이 생각과 행동을 연결하지 못해 실패합니다.

 우리는 아직 자연 과정이나 인간의 손을 거치지 않고 무형 물질로부터 직접 창조할 수 있는 단계에 도달하지 못했습니다. 즉, 인간은 사고할 뿐만 아니라 그 생각을 행동으로 옮겨야 합니다.

생각을 통해 산속의 금이 당신에게 오도록 할 수 있지만, 그 금이 스스로 채굴·정제되어 동전이 되어 저절로 당신 주머니로 굴러오지는 않습니다.

당신의 추진력으로 인해 어떤 이는 당신을 위해 금을 채굴하고, 또 다른 이는 무역 등을 통해 금이 당신에게 오도록 일할 것입니다. 당신은 금이 왔을 때 그것을 받을 준비가 되어 있어야 합니다. 당신의 생각은 모든 생물과 무생물이 당신이 원하는 것을 가져오게 하지만, 당신은 그것을 올바르게 받을 준비가 되어 있어야 합니다. 무료로 받거나 훔쳐서는 안 됩니다. 현금 가치보다 더 많은 사용 가치를 모든 사람에게 주어야 합니다.

생각의 과학적 사용은 원하는 것에 대한 명확하고 뚜렷한 정신적 이미지를 형성하고, 그것을 얻기 위한 목적을 굳게 지키며, 그것을 얻었다는 것에 감사하는 믿음을 가지는 것입니다. 당신 생각을 초자연적인 방식으로 사용해 원하는 것을 얻으려 하지 마십시오. 그러한 시도는 생각하는 힘을 약화할 뿐입니다.

부자가 되는 데 있어 생각의 역할은 앞 장들에서 충분히 설명되었습니다. 당신 믿음과 목적은 무형 물질에 당신 비전을 긍정적으로 각인시킵니다. 무형 물질은 당신과 같은 생명 확장을 원하는 욕구가 있으며, 당신이 각인한 비전은 모든 창조적 힘을 동원해 당신을 향해 작용하도록 합니다.

이 비전은 정해진 행동 경로를 통해 모든 창조적 힘이 당신을 향해 일하도록 만듭니다.

창조적 과정을 이끌거나 감독하는 것은 당신 몫이 아닙니다. 당신이 해야 할 일은 비전을 유지하고, 목적에 충실하며, 믿음과 감사를 유지하는 것입니다.

그러나 당신은 특정한 방식으로 행동해야만 자신에게 오는 것을 제대로 이용할 수 있으며, 당신 마음속에 그려진 것들을 적절한 곳에 놓을 수 있습니다.

이 진리는 쉽게 이해할 수 있습니다. 무언가가 당신에게 도달할 때, 그것이 다른 사람 손에 있다면, 그들은 대가를 요구할 것입니다.

당신은 그 대가를 주어야만 원하는 것을 얻을 수 있습니다.

당신의 지갑이 노력 없이도 항상 돈으로 가득 찬 마법의 지갑이 아닙니다.

부를 얻기 위해서는 단순히 생각하고 바라는 것만으로는 부족하며, 실제로 행동하고 노력해야 합니다. 자신이 원하는 것을 얻기 위한 구체적인 행동 없이는 아무것도 이룰 수 없습니다. 부자가 되는 과학의 핵심은 생각과 행동이 병행되어야 한다는 점입니다. 많은 사람들이 의식적이든 무의식적으로든 강한 열망으로 창조적인 힘을 작동시켰지만, 원하는 것이 왔을 때 그것을 받아들이지 못해 가난하게 사는 경우가 많습니다.

생각을 통해 원하는 것이 다가오지만, 그것을 받아들이는 것은 행동을 통해 이루어집니다.

어떤 행동이든 지금 당장 해야 한다는 점은 분명합니다. 과거에 관한 생각을 떨쳐내는 것이 정신적 비전을 명확하게 하는 데 필수적입니다. 미래에 대해서도 미리 행동할 수 없으며, 미래 상황이 닥치기 전까지는 그 상황에 어떻게 대응할지 알 수 없습니다.

지금 적성에 맞지 않는 직업이나 사업을 하고 있거나, 환경이 좋지 않다고 해서 행동을 미루어서는 안 됩니다. 앞으로 있을 비상 상황에 대한 걱정이나 대처 방법을 고민하는 데 시간을 낭비하지 마십시오. 어떤 비상 상황이 닥쳐도 대처할 수 있다는 확신을 가지십시오.

미래를 고민하면서 현재 행동을 하면 마음이 분산되어 효과적이지 않습니다.

현재 행동에 전념하십시오.

근원적 물질에 창조적 자극을 주고 결과를 기다리기만 해서는 안 됩니다. 그렇게 해서는 결코 좋은 결과를 얻을 수 없습니다. 지금 행동하십시오. 지금, 이 순간만이 유일한 시간이며, 앞으로도 오직 지금뿐입니다. 원하는 것을 받아들일 준비를 하려면 지금 당장 시작해야 합니다.

당신의 행동은 현재 사업이나 직업에서 이루어져야 하며, 현재 환경의 사람들과 사물에 대해 이루어져야 합니다.

과거 일이나 미래 일에 대해 걱정하지 말고, 지금 일에 집중하십시오.

어제 일이 잘되었는지 잘못되었는지에 대해 신경 쓰지 말고 오늘 일을 성공적으로 수행하십시오.

내일 일을 지금 하려고 하지 마십시오. 내일이 되면 그 일을 할 충분한 시간이 있을 것입니다.

초자연적이거나 신비한 방법으로 통제할 수 없는 사람이나 사물에 영향을 미치려 하지 마십시오.

더 나은 환경이 될 때까지 행동을 미루지 말고, 행동을 통해 유리한 환경을 만드십시오.

현재 환경에서 행동함으로써 더 나은 환경으로 자신을 옮길 수 있습니다. 더 나은 환경에 있는 자신을 굳건한 믿음으로 상상하되, 현재 환경에서 온 마음을 다해 행동하십시오.

허황한 꿈이나 공상에 시간을 낭비하지 마십시오. 원하는 것에 대한 단 하나의 비전을 유지하고 지금 당장 행동하십시오.

부자가 되기 위한 첫걸음으로 새로운 일이나 특이하고 비범한 행동을 찾으려고 애쓰지 마십시오. 적어도 얼마 동안은 과거에 해왔던 행동을 계속할 가능성이 있습니다. 그러나 지금부터 특정한 방식으로 행동한다면 반드시 부자가 될 것입니다.

 현재 사업 또는 직업이 적성에 맞지 않는다고, 자신이 원하는 사업이나 직업을 찾을 때까지 기다리기만 해서는 안 됩니다.

 현재 적성에 맞지 않는 사업에 낙담하거나 좌절하지 마십시오. 자신이 원하는 사업에 대한 확실한 비전을 가지고 그것을 반드시 이루겠다는 확고한 믿음을 가지십시오. 그러나 현재 사업에서 행동하며, 이를 자신이 바라는 사업을 갖기 위한 수단으로 활용하십시오. 확고한 의지와 믿음을 가지고 목표를 향해 나아간다면, 신은 당신을 도와줄 것입니다. 또한 당신이 특정한 방식으로 행동하면, 원하는 사업을 하게 될 것입니다.

 또한 회사원으로서 원하는 것을 얻기 위해 자리를 옮겨야 한다고 느낀다면, 단순히 생각만으로 다른 직업을 구할 것이라 기대하지 마십시오. 그것만으로는 성공하지 못할 것입니다. 원하는 직업에서 일하는 자신의 비전을 유지하면서, 현재 직업에서 믿음과 목적을 가지고 행동하십시오. 그러면 반드시 원하는 직업을 얻을 수 있을 것입니다. 당신의 비전과 믿음은 창조적 힘을 움직여 당신에게 가져다 줄 것이며, 당신 행동은 현재 환경에서 그 직업으로 이동하게 할 것입니다.

이 장을 마무리하면서 하나의 명제를 추가하겠습니다.

만물이 만들어지는 생각하는 물질이 있으며, 이 물질은 원시 상태에서 우주 공간에 스며들고 관통하며 그 틈새를 채웁니다.

이 물질 속에서 생각은 그 생각이 형상화한 사물을 만들어냅니다.

인간은 생각으로 사물을 형상화할 수 있으며, 무형 물질에 자신 생각을 각인시킴으로써 자신이 상상하는 형상을 만들어낼 수 있습니다.

이를 위해 인간은 경쟁적인 사고에서 창조적인 사고로 전환해야 합니다. 그리고 자신이 원하는 것에 대한 명확한 정신적 이미지를 형성하고, 원하는 것을 얻겠다는 확고한 목적과 원하는 것을 얻을 수 있다는 흔들리지 않는 믿음을 가지고 이 이미지를 마음속에 담고 있어야 합니다. 목표를 방해하거나 시야를 흐리게 하거나 믿음을 꺾는 모든 것을 배제해야 합니다.

원하는 것이 찾아왔을 때 그것을 제대로 받으려면, 지금 환경 속에서 즉시 행동해야 합니다.

제12장

부자가 되는 효율적인 행동 전략

"사고는 창조적인 힘이자 그 힘을 작동시키는 추진력입니다. 특정한 방식으로 생각하는 것은 부를 가져다줄 수 있지만, 생각만으로는 충분하지 않습니다."

이전 장에서 제시한 대로, 당신의 생각을 활용하고 현재 있는 곳에서 할 수 있는 일을 바로 시작해야 하며, 할 수 있는 모든 것을 해야 합니다.

현재 자리에서 그 이상 능력을 발휘해야만 발전할 수 있으며, 현재 자리에서 해야 할 일을 방치하는 사람은 결코 발전할 수 없습니다.

사회는 자신 위치에서 최선을 다하는 사람들에 의해 발전합니다.

 그런 사람들이 없다면 세상은 퇴보하게 될 것입니다. 자신 역할을 다하지 못하는 사람들은 사회, 산업, 정부에 큰 부담을 주며, 그들로 인해 사회 발전이 지체됩니다. 이들은 시대 변화에 적응하지 못하고 퇴보하는 경향이 있습니다. 사회 진화는 물리적, 정신적 진화 법칙에 따라 이루어지며, 사회 구성원들이 자신 역할을 제대로 하지 못하면 사회는 발전할 수 없습니다. 동물 세계에서 진화는 생명의 과잉에 의해 이루어집니다.

생명체가 자신 영역에서 최대한 번식하고 진화하면 새로운 우월한 종을 만듭니다.

만약 자신들의 역할을 충분히 다하는 생명체가 없었다면 새로운 종은 절대 생겨나지 않았을 것입니다. 이 법칙은 인간에게도 똑같이 적용됩니다. 부자가 되는 것은 이 원칙을 당신 일에 어떻게 적용하느냐에 달려 있습니다.

매일은 성공한 날이거나 실패한 날입니다. 성공의 날들이 당신이 원하는 것을 얻게 합니다. 매일 실패하는 날이면 결코 부자가 될 수 없고, 매일 성공하는 날이면 반드시 부자가 될 것입니다.

오늘 할 수 있는 일이 있는데 그것을 하지 않는다면, 그 일에 대해 실패한 것이며 그 결과는 상상 이상으로 당신에게 부정적인 영향을 미칠 수 있습니다.

당신은 아주 사소한 행동 결과조차 예측할 수 없으며, 당신을 위해 작동하는 모든 힘의 방식을 알 수 없습니다. 사소한 행동 하나에 많은 것이 달려 있을 수 있습니다. 그것이 큰 가능성에 대한 기회의 문을 여는 일이 될 수도 있습니다. 절대 지성이 당신을 위해 만들어내는 모든 조합을 알 수는 없습니다. 어떤 작은 일을 소홀히 하거나 하지 않으면, 원하는 것을 얻는 데 오랜 시간이 걸릴 수 있습니다.

매일, 그날 할 수 있는 모든 일을 하십시오.

그러나 위 사항에는 반드시 고려해야 할 점이 있습니다.

짧은 시간에 최대한 많은 일을 하려고 과로하거나 서두르지 마십시오. 또한 무작정 업무에 뛰어들지 마십시오.

내일 할 일을 오늘 하려고 하거나 일주일 동안 할 일을 하루에 하려고 해서는 안 됩니다.

중요한 것은 일의 양이 아니라, 각 작업의 효율성입니다.

모든 행동은 그 자체로 성공이거나 실패입니다.

또한 모든 행동은 효율적이거나 비효율적입니다.

비효율적인 행동은 모두 실패이며, 그러한 방식으로 평생을 보낸다면 인생 전체가 실패할 것입니다.

모든 행동이 비효율적이라면, 더 많은 일을 할수록 상황은 악화합니다.

반면, 효율적인 행동은 그 자체로 성공이며, 인생 전체를 효율적으로 행동한다면 당신 인생은 성공할 것입니다.

실패 원인은 비효율적인 방식으로 너무 많은 일을 하고, 효율적인 방식으로는 충분히 일을 하지 않는 데 있습니다.

비효율적인 행동을 피하고, 효율적인 행동을 충분히 한다면 분명히 부자가 될 것입니다. 효율적인 행동을 하는 것이 가능하다면, 부를 얻는 것이 수학처럼 정확한 과학임을 알 수 있을 것입니다.

그렇다면 중요한 문제는 개별 행동을 성공으로 만들 수 있는지입니다. 그리고 당신은 분명히 그렇게 할 수 있습니다.

절대적인 힘이 당신과 함께하며, 실패하지 않기 때문에 각 행동을 성공으로 만들 수 있습니다.

모든 힘이 당신을 돕고 있으며, 각 행동을 효율적으로 만들기 위해 그 힘을 쏟아부으면 됩니다.

모든 행동은 강하거나 약할 수 있습니다. 모든 행동이 강력하다는 것은 당신이 부자가 될 확실한 방식으로 행동한다는 것을 의미합니다. 당신의 비전을 유지하며, 믿음과 목적을 가지고 모든 행동을 한다면 그 행동들은 강력하고 효율적으로 될 것입니다.

많은 사람들이 생각과 행동을 따로 해서 실패합니다. 그들은 한 장소와 시간에는 생각만 하고, 다른 장소와 시간에는 행동만 합니다. 그래서 그들 행동은 성공적이지 못하고, 비효율적인 경우가 많습니다. 그러나 모든 힘을 평범한 행동에 쏟아부으면, 그 행동은 자체로 성공할 것입니다. 그리고 모든 성공은 또 다른 성공으로 이어지는 길을 열어줍니다. 이렇게 되면 당신이 원하는 것에 빠르게 다가갈 것이며, 원하는 것 또한 당신에게 빠르게 다가올 것입니다.

기억하십시오. 성공적인 행동은 그 효과가 누적된다는 것을. 모든 존재는 더 좋은 삶을 추구하는 욕구를 가지고 있습니다. 한 사람이 더 나은 삶을 향해 나아가기 시작하면, 더 많은 기회와 자원이 그에게 모이고 그의 욕구는 더욱 강해집니다.

매일, 그날 할 수 있는 모든 일을 하십시오. 그리고 각 행동을 효율적으로 수행하십시오.

각 행동을 할 때, 비록 사소하고 평범한 일일지라도 당신 비전을 유지해야 한다고 말하는 것은, 항상 비전을 가장 작은 세부 사항까지 뚜렷하게 보라는 뜻은 아닙니다. 여가 시간에 비전의 세부 사항을 상상하고, 그것들이 확실히 기억에 남을 때까지 숙고하는 것이 필요합니다.

빠른 성과를 원한다면, 여가 시간 대부분을 이 연습에 투자하십시오. 비전을 지속적으로 명상하여 원하는 것의 이미지를 가장 작은 세부 사항까지 마음속에 확고히 새기고, 무형 물질에 완전히 각인되도록 하십시오. 그러면 일하는 시간에는 그 이미지를 마음속에 떠올리기만 해도 믿음과 목적이 자극되어 최선을 다할 수 있게 됩니다. 여가 시간에 비전을 명상하여 의식이 그것으로 가득 차면, 즉시 그것을 이해할 수 있을 것입니다. 비전의 긍정적 약속에 열광하여, 그 생각만으로도 온 존재의 강한 에너지가 발휘될 것입니다.

우리의 요점을 다시 한번 정리해보겠습니다.

만물이 만들어지는 생각하는 물질이 있으며, 이 물질은 원시 상태에서 우주 공간에 스며들고 관통하며 그 틈새를 채웁니다.

이 물질 속에서 생각은 그 생각이 형상화한 사물을 만들어냅니다. 인간은 생각으로 사물을 형상화할 수 있으며, 무형 물질에 자신 생각을 각인시킴으로써 자신이 상상하는 형상을 만들어낼 수 있습니다.

이를 위해, 인간은 경쟁적인 마음에서 창조적인 마음으로 전환해야 합니다. 자신이 원하는 것들에 대한 명확한 정신적 이미지를 형성하고, 믿음과 목적을 가지고 매일 할 수 있는 모든 일을 효율적으로 수행해야 합니다.

즉, 부를 얻기 위해서는 경쟁의 틀에서 벗어나 창조의 길로 나아가야 합니다. 당신이 갈망하는 것을 명확히 그리고, 그것을 현실로 만들 수 있다는 확고한 믿음을 가지십시오. 그런 다음, 매일 꾸준히, 당신의 목적을 향해 집중하고, 효율적으로 행동하십시오. 이러한 방식으로, 당신은 원하는 삶을 창조할 수 있을 것입니다.

PART 05

지속적인 성장을 위한 전략

"하고 싶은 일을 하는 것이 진정한 삶이며, 좋아하지 않는 일을 계속하면서는 진정한 만족을 얻을 수 없습니다."

제13장

자신에게 맞는 분야 찾기

"하고 싶은 일을 하는 것이 진정한 삶이며, 좋아하지 않는 일을 계속하면서는 진정한 만족을 얻을 수 없습니다."

어떤 분야에서든 성공하려면 그 분야에 필요한 특정 능력을 잘 개발해야 합니다.

예를 들어, 음악 선생님이 되려면 음악적 재능이 있어야 하고, 기계 직종에서 성공하려면 기술적 능력이 뛰어나야 하며, 상업 분야에서 성공하려면 대인 관계와 사업적 재능이 필수적입니다. 그러나 뛰어난 능력이 있다고 해서 자동으로 부유해지는 것은 아닙니다. 탁월한 재능을 가진 음악가도, 뛰어난 기술을 가진 목수나 대장장이도, 인간관계가 좋은 사업가도 실패할 수 있습니다.

능력은 마치 도구와 같습니다. 좋은 도구를 갖추는 것도 중요하지만, 그것을 올바르게 사용하는 법을 알아야 진정한 성공을 거둘 수 있습니다. 예를 들어, 어떤 사람은 날카로운 톱, 정확한 자, 좋은 대패 등을 사용하여 아름다운 가구를 만들 수 있지만, 또 다른 사람은 같은 도구를 사용하면서도 형편없는 결과물을 만들 수 있습니다. 이는 도구를 효과적으로 사용하는 방법을 모르기 때문입니다.

당신의 다양한 정신 능력은 부를 창출하기 위한 도구들입니다. 이미 가지고 있는 능력을 활용할 수 있는 사업 분야에서 일한다면 성공하기가 더 쉬울 것입니다.

일반적으로, 가장 뛰어난 능력을 발휘할 수 있는 사업에서 좋은 성과를 거둘 것입니다. 그러나 이러한 주장에도 한계가 있습니다. 누구도 타고난 재능에 의해 특정 직업에 영원히 종사할 것으로 생각해서는 안 됩니다.

어떤 사업에서도 부자가 될 수 있습니다. 필요한 재능이 없다면 개발할 수 있기 때문입니다. 이는 당신이 가진 도구에만 의존하지 않고, 필요한 도구를 스스로 만들어가야 함을 의미합니다. 이미 잘 발달한 재능을 가진 분야에서 성공하기가 더 쉽지만, 어느 분야에서든 성공할 수 있습니다. 왜냐하면 모든 재능은 기본적인 요소를 가지고 있기 때문입니다.

가장 적은 노력으로 부를 얻으려면 자신에게 가장 잘 맞는 일을 하는 것이 좋습니다. 그러나 가장 만족스럽게 부를 얻으려면 자신이 진정으로 하고 싶은 일을 하는 것이 더 좋습니다.

하고 싶은 일을 하는 것이 진정한 삶이며, 좋아하지 않는 일을 계속하면서는 진정한 만족을 얻을 수 없습니다. 원하는 일을 할 수 있다는 것은 이미 그 일을 할 수 있는 능력이 있다는 증거입니다.

어떤 일을 하고자 하는 욕구는 잠재력의 표현입니다. 곡을 연주하고 싶은 욕구는 곡을 연주할 수 있는 능력을 개발하고 표현하고자 하는 것이며, 기계 장치를 발명하고자 하는 욕구는 기계적 재능을 표현하고 발전시키고자 하는 것입니다.

어떤 일을 할 능력이 없다면 그 일을 하고자 하는 욕구도 생기지 않습니다. 반대로, 어떤 일에 대한 강한 욕구가 있다면, 그것은 그 일을 할 수 있는 능력이 있다는 명백한 증거입니다. 이는 단지 개발하고 적절히 활용하면 됩니다.

모든 조건이 같다면, 당신에게 가장 잘 발달한 재능이 있는 사업을 선택하는 것이 최선입니다. 하지만 특정 분야에서 일하고자 하는 강한 열망이 있다면, 그 분야를 당신의 최종 목표로 삼아야 합니다.

당신은 원하는 일을 할 수 있으며, 가장 행복하고 흥미로운 사업이나 직업을 선택할 권리가 있습니다.

당신은 좋아하지 않는 일을 할 의무가 없으며, 오직 원하는 일을 하기 위한 수단으로만 그 일을 해야 합니다.

만약 과거 실수로 인해 원치 않는 사업이나 환경에 처해 있다면, 현재는 원치 않는 일을 할 수밖에 없을지라도, 결국 당신이 원하는 일을 할 것이라는 믿음이 있다면 현재 일을 즐겁게 할 수 있습니다.

현재 직업이 맞지 않다고 느낀다면, 서두르지 말고 신중하게 다른 직업을 찾으십시오. 일반적으로, 사업이나 환경을 바꾸는 가장 좋은 방법은 성장에 의한 것입니다.

기회가 왔을 때 신중히 생각한 후 그것이 올바른 기회라고 판단된다면, 갑작스럽고 극적인 변화를 두려워하지 마십시오. 그러나 어떤 결정을 내릴 때 확신이 없다면, 무리하고 성급한 행동은 피해야 합니다.

창조적 마음가짐에서는 서두를 필요가 없으며, 기회는 항상 존재합니다.

경쟁적인 마음에서 벗어나면 성급히 행동할 필요가 없음을 알게 될 것입니다. 모두에게 충분한 기회가 있으며, 누군가가 그 자리를 차지하더라도 당신에게 더 나은 자리가 곧 나타날 것입니다. 의심이 들 때는 기다리십시오. 자신 비전을 생각하며 믿음과 목적을 키우고, 감사하는 마음을 가지십시오.

며칠 동안 원하는 것에 대해 명상하고 감사함을 느끼기만 해도, 당신 마음은 절대자와 긴밀한 관계를 맺게 될 것입니다. 그렇게 하면 행동할 때 올바른 결정을 내릴 수 있을 것입니다.

 서두르거나 두려움과 의심 속에서 행동할 때, 그리고 모두에게 풍족한 삶을 주려는 올바른 동기를 잊고 행동할 때 실수할 수 있습니다.

 확고한 믿음과 목표를 유지하고, 경건한 감사를 통해 절대자와 긴밀히 연결될수록 기회는 점점 더 많이 찾아올 것입니다.

 매일 할 수 있는 일을 완벽하게 하되, 서두르거나 걱정하거나 두려워하지 말고 실행하십시오.

 가능한 빨리하되, 절대 서두르지 마십시오.

 서두르기 시작하는 순간, 창조자가 아닌 경쟁자가 되며, 다시 과거 상태로 돌아가게 됩니다. 자신이 서두르고 있다고 느낄 때는 잠시 멈추고, 원하는 것의 이미지에 집중하며 그것을 얻고 있다는 것에 감사하십시오. 감사의 실천은 언제나 당신 믿음을 강화하고 목표를 새롭게 할 것입니다.

제14장

타인에게 성장하는 인상 남기는 법

"당신은 모든 일을 하면서 늘 발전하는 인물이며, 모든 이들이 당신 성장을 도와주고 있다는 확고한 신념을 가지십시오."

당신이 직업을 바꾸든 바꾸지 않든, 현재 행동은 지금 속한 분야와 관련되어야 합니다.

이미 자리 잡은 분야를 건설적으로 활용하여 원하는 분야로 진입할 수 있습니다. 이는 일상 업무를 특정한 방식으로 수행함으로써 가능합니다.

만약 당신 직업이나 사업이 다른 사람들과 직접적인 교류나 서면 교류를 필요로 한다면, 그들에게 당신이 성장하고 있다는 인상을 주어야 합니다.

성장하는 것은 모든 사람이 추구하는 것이며, 무형 지성

또한 이를 원합니다.

　성장에 대한 욕망은 모든 자연에 내재되어 있으며, 그것은 우주의 본성입니다. 사람들은 더 많은 음식, 더 멋진 옷, 더 안락한 주거, 더 화려한 사치와 아름다움을 추구합니다.

　모든 생명체는 지속적인 성장이 필요하며, 성장이 멈추면 소멸하거나 죽게 됩니다.

　인간은 본능적으로 이를 알고 있기에 끊임없이 더 많은 것을 추구합니다. 예수님께서는 달란트 비유를 통해 이 지속적인 성장 법칙을 설명하셨습니다. 더 많이 얻는 자만이 더 많이 가지며, 없는 자는 가진 것마저 빼앗기게 됩니다.

　부자가 되고자 하는 욕망은 악한 것이나 비난받을 것이 아닙니다. 그것은 단지 더 풍요로운 삶에 대한 자연스러운 욕구일 뿐입니다.

　이것은 인간의 가장 깊은 본성이기 때문에, 모든 사람은 자신에게 더 많은 삶의 수단을 제공하는 사람에게 매력을 느낍니다.

　앞서 설명한 '특정한 방식'을 따름으로써, 당신은 지속적으로 성장하고 있으며, 거래하는 모든 사람에게 그 혜택을 제공하고 있습니다.

　당신은 모든 이들이 성장할 수 있게 도와주는 중요한 역할을 하게 될 것입니다.

　이 사실을 굳게 믿고, 만나는 모든 사람에게도 이러한 확신을 전달하십시오. 어린아이에게 사탕 하나를 파는 것과 같은 작은 거래에서도 성장에 대한 이미지를 심어 주십시오.

 당신이 하는 모든 행동에서 성장하는 인상을 주어, 늘 발전하는 사람으로 인식되게 하고, 거래하는 모든 이들이 성장하는 데 도움이 되도록 하십시오. 사적으로 만나는 사람들에게도 성장에 대한 이미지를 전달해야 합니다.
 당신이 성장하고 있다는 확고한 믿음을 가지고 모든 행

동을 하면, 자연스럽게 이러한 인상을 줄 수 있습니다.

　모든 일을 하면서 당신은 늘 발전하는 인물이며, 모든 이들이 당신 성장을 도와주고 있다는 확고한 신념을 가지십시오.

　당신은 부자가 되고 있으며, 이를 통해 다른 이들이 부유하게 되는 것을 도와주고 있다고 생각하십시오.

　그러나 성공을 과시하거나 자랑하지 마십시오. 진정으로 자신이 성장하고 있다는 믿음을 가진 사람은 결코 자랑하지 않습니다.

　당신은 잘난 체하고 교만한 사람을 만날 때마다, 그 사람이 실제로는 의심과 두려움을 가지고 있다는 것을 알 수 있을 것입니다. 단지 부자가 되고 있다는 믿음을 가지면, 그것이 모든 거래에서 자연스럽게 드러나게 하십시오. 모든 행동과 말투, 그리고 표정에서 당신이 부자가 되고 있다는, 그리고 이미 부자라는 확신을 조용히 드러내십시오. 이러한 확신을 다른 사람에게 전달하기 위해 말은 필요하지 않습니다. 그들은 당신과 함께 있는 것만으로도 성장하고 있다는 것을 느끼고, 당신에게 끌릴 것입니다.

　다른 사람들에게 당신과 함께하면 성장할 것이라는 인상을 주어야 합니다. 그들에게 받는 현금보다 더 큰 가치를 제공해야 합니다.

　이 일에 자부심을 가지고 행동한다면, 당신 주변에 사람이 끊이지 않을 것입니다. 사람들은 자신이 성장할 수 있는 곳에 관심을 두고 모이게 되어 있습니다. 그리고 모든 것이 성장하길 원하는 절대자는, 당신이 전혀 모르는 사람들을 당신에게 끌어들일 것입니다. 당신 사업은 폭발적으로 성장할 것이며, 예상치 못한 이익으로 놀랄 것입니다. 사업은 날마다 번창하고, 이익은 늘어날 것입니다. 그리고 당신이 원한다면, 더 원하는 사업이나 직업을 찾게 될 것입니다.

하지만 이 모든 과정에서, 당신이 원하는 것에 대한 확실한 비전과 그것을 반드시 얻을 것이라는 믿음과 목적을 결코 놓쳐서는 안 됩니다.

동기부여와 관련하여 또 한 가지 주의할 점이 있습니다.

다른 사람들을 지배하려는 유혹을 조심하십시오.

정신적으로 성숙하지 못하면 다른 사람들을 지배하거나 복종시킴으로써 희열을 느낄 수 있습니다. 이기적인 본인의 만족을 위해 무언가를 지배하려는 욕망은 과거 전 세계의 저주가 되어 왔습니다. 수 세기 동안 왕과 귀족들은 자신들 영역을 확장하기 위해 전쟁을 벌였고, 이는 모두에게 더 나은 삶을 제공하기 위해서가 아니라 자신들이 더 많은 권력을 얻기 위해서였습니다.

오늘날 비즈니스와 산업계도 마찬가지입니다. 사람들은 대규모 자금을 동원하여 다른 사람들 삶과 마음을 파괴하며, 권력을 얻기 위해 미친 듯이 경쟁합니다. 상업적인 왕들, 즉 기업인들도 권력에 대한 욕망에 사로잡혀 있습니다.

예수님은 이러한 지배 욕구에서 악한 세계의 동기를 보셨습니다. 마태복음 23장에서 바리새인들이 스스로 '주님'이라 불리고, 높은 자리에 앉아 다른 사람들을 지배하며, 힘없는 자들에게 짐을 지우려는 욕망을 예수님이 어떻게 묘사하셨는지 알 수 있습니다. 그리고 바리새인들의 지배 욕망과 제자들에게 요구한 공동의 선을 추구하는 형제애를 어떻게 비교했는지도 확인할 수 있습니다.

권력을 추구하려는 유혹을 경계하십시오. 누군가의 지배자가 되어 평범한 사람들 위에 군림하며, 과시로 다른 사람들에게 깊은 인상을 남기려는 유혹을 조심해야 합니다.

다른 사람들을 지배하려는 마음은 경쟁적인 마음이며, 경쟁적 마음은 창조적인 마음이 아닙니다. 환경과 운명을 지배하기 위해 다른 사람들을 지배할 필요는 없습니다. 오히려 높은 자리를 차지하려는 세속적 투쟁에 빠지면, 오히려 운명과 환경에 의해 정복되기 시작하고, 부자가 되는 것은 운과 투기의 문제가 됩니다.

경쟁적인 마음을 경계하십시오. 창조적 행동의 원칙은 새뮤얼 M. 존스가 자주 언급한 황금률에 잘 나타나 있습니다. "나를 위해 원하는 것은, 모든 이들을 위해 원하는 것이다."

제15장

성장하는 사람들의 비밀

"특정한 방식으로 생각하고 행동하면 반드시 부자가 될 수 있습니다."

이전 장에서 말한 '성장하는 이미지'는 사업가뿐만 아니라 전문직 종사자나 회사원에게도 동일하게 적용됩니다.

당신이 의사, 교사, 성직자 등 어떤 직업을 가지고 있든지, 다른 사람들의 성장을 도와주고 그 사실을 느끼게 한다면, 그들은 당신에게 끌릴 것입니다. 당신은 부자가 될 것입니다. 위대하고 성공적인 치유자 비전을 품고, 그 신념과 목적을 가지고 치료에 임하는 의사는 생명의 근원과 깊은 연결을 맺게 될 것이며, 환자들은 그에게 몰려들 것입니다.

의사는 이 책 가르침을 가장 잘 실천할 기회를 가집니다.

치료 원리는 모든 의학 분야에 공통으로 적용될 수 있으므로, 그가 어느 학교 출신이든 상관없습니다. 명확한 정신적 이미지를 가지고 신념, 목적, 그리고 감사의 법칙을 따르는 성장하는 의사는 어떤 치료법을 사용하든 치유할 수 있는 모든 경우를 치료할 수 있을 것입니다.

종교 분야에서는 청중에게 풍요로운 삶을 가르칠 수 있는 성직자가 지금 세계에 필요합니다. 설교를 통해 부유해지는 법, 건강하게 사는 법, 그리고 사랑을 얻는 법 등을 가르치는 사람은 신도들이 끊이지 않을 것입니다. 이것이 세상이 필요로 하는 복음입니다. 이 복음은 사람들 삶에 성장을 가져다줄 것이며, 사람들은 기꺼이 이 복음을 경청할 것입니다. 그리고 그 성직자에게 아낌없는 지지를 보낼 것입니다.

이제 필요한 것은 강단에서 삶의 과학을 시연하는 설교자입니다. 단순히 방법을 알려주는 것이 아니라, 자기 삶으로 그 방법을 보여줄 수 있는 설교자가 필요합니다. 부유하고, 건강하며, 위대하고, 사랑받는 설교자가 우리에게 이러한 것들을 어떻게 얻을 수 있는지 가르친다면, 그는 수많은 충성스러운 추종자들을 얻게 될 것입니다.

이는 교사에게도 마찬가지입니다. 성장하는 삶에 대한 신념과 목적을 아이들에게 심어줄 수 있는 교사는 결코 일자리를 잃지 않을 것입니다. 이러한 신념과 목적을 가진 교사는 학생들에게 발전하는 삶을 전달할 수밖에 없습니다.

이 원리는 교사, 종교인, 의사뿐만 아니라 변호사, 치과의사, 부동산 중개인, 보험 설계사 등 모든 사람에게 적용됩니다.

앞서 설명한 대로 정신과 행동이 하나가 된다면 절대 실패하지 않습니다. 이러한 지침을 꾸준히 그리고 철저하게 따르는 모든 사람은 부자가 될 것입니다. 삶의 성장 법칙은 중력 법칙만큼이나 확실합니다. 부자가 되는 것은 정확한 과학입니다.

임금 노동자들도 앞서 언급한 사람들과 마찬가지로 이 사실을 깨닫게 될 것입니다. 진급 기회가 없고, 임금은 적고 생활비는 높은 곳에서 일한다고 해서 부자가 될 기회가 없다고 생각하지 마십시오. 원하는 것에 대한 명확한 목표를 세우고, 신념과 목적을 가지고 행동을 시작하십시오.

매일 할 수 있는 모든 일을 완벽하고 성공적으로 수행하십시오. 당신이 하는 모든 일에 성공에 대한 의지와 부자가 되겠다는 목적을 담아야 합니다.

그러나 이것을 단지 고용주 눈에 들기 위해, 또는 승진을 바라며 하지 마십시오. 그들이 당신을 진급시킬 일은 없습니다.

고용주는 자신 일에 최선을 다하고 그저 만족하는 '좋은' 일꾼을 가치 있게 여길 것입니다. 하지만 고용주로서는 그를 진급시키는 것보다 그 자리에 두는 것이 더 유리합니다.

승진을 위해서는 자신이 맡은 일의 성과를 뛰어넘는 무언가가 필요합니다.

확실히 진급할 사람은 자신의 자리를 넘어서는 성과를 냅니다. 자신이 되고자 하는 바를 명확히 알고, 그것을 실현할 수 있다는 믿음을 가지며, 반드시 그 목표를 이루겠다는 결단력을 가진 사람입니다.

현재 자리에서 고용주를 기쁘게 하려는 목적이 아닌, 자신을 발전시키려는 생각으로 최선을 다하십시오. 근무 시간뿐만 아니라 퇴근 후, 출근 전에도 성장의 신념과 목적을 유지하십시오. 감독자, 동료, 지인들이 당신과 만날 때마다 당신에게서 강한 의지를 느낄 수 있도록 하십시오. 그러면 누구나 당신에게서 발전과 성장의 에너지를 느낄 것입니다. 사람들은 자연스럽게 당신에게 끌릴 것이며, 현재 직장에서 진급할 가능성이 없다면, 곧 다른 직장에서 기회를 얻을 수 있을 것입니다.

이 법칙을 따르며 발전하는 사람에게는 반드시 기회가 있을 것입니다.

당신이 특정한 방식으로 행동하면, 신은 반드시 당신을 도울 것입니다. 이는 신이 자신을 돕기 위해서라도 반드시 해야 하는 일입니다.

당신 여건이나 업계 상황, 그 어떤 것도 당신을 좌절시킬 수 없습니다. 대기업에서 부자가 될 수 없다면, 작은 농장에서 부자가 될 수 있습니다. 특정한 방식으로 행동하면, 회사의 "속박"에서 벗어나 농장이나 원하는 곳으로 가게 될 것입니다.

다수의 직원이 '특정한 방식'을 따르게 된다면, 그 회사는 곧 어려움을 겪을 것입니다. 회사는 직원들에게 더 많은 기회를 제공하거나 사업을 접어야 할 것입니다. 직원들은 반드시 그 회사에서만 일할 필요가 없습니다. 회사는 부자가 되는 과학을 모르는 사람들, 또는 그것을 실천하기에 지적으로 게으른 사람들, 소위 절망적인 상황에 부닥친 사람들로 유지될 수 있습니다.

이런 생각과 행동 방식을 시작하면, 당신 신념과 목적이 현재 상황을 개선할 기회를 재빨리 포착할 수 있게 도와줄 것입니다.

기회는 곧 찾아올 것입니다. 왜냐하면 모든 사람을 위해, 그리고 당신을 위해 일하는 절대자가 그 기회를 가져다줄 것이기 때문입니다.

당신이 원하는 모든 것을 얻을 수 있는 단 한 번의 기회를 기다리지 마십시오. 지금보다 더 나은 사람이 될 기회가 있으면, 그리고 그 기회에 끌린다면 주저하지 말고 잡으십시오. 그것이 더 큰 기회로 가는 첫걸음이 될 것입니다.

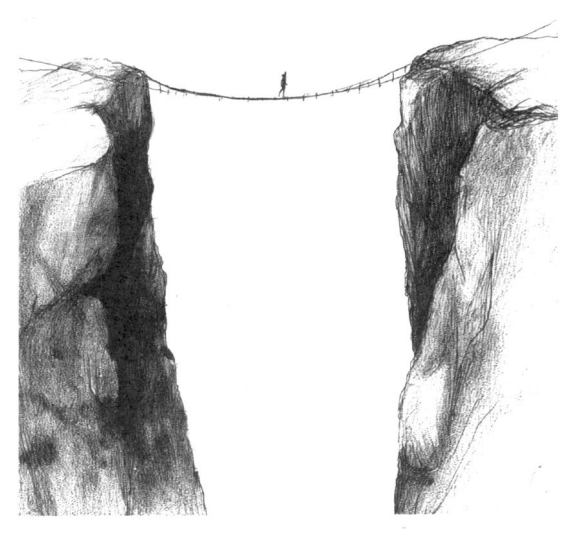

 이 우주에서는 성장하는 삶을 사는 사람에게 기회의 부족이란 존재하지 않습니다.
 이 우주는 모든 것이 당신을 위해 존재하며, 당신에게 유익을 주도록 작용하게 되어 있습니다. 특정한 방식으로 생각하고 행동하면 반드시 부자가 될 수 있습니다. 임금 노동자들은 이 책을 주의 깊게 공부하고, 여기서 제시하는 행동 지침을 자신 있게 따르십시오. 이 방식은 절대 실패하지 않을 것입니다.

제16장

주의 사항

"신념을 유지하고 목적을 지키며, 매일 감사하는 마음으로 그날 할 수 있는 모든 일을 완벽히 수행하십시오. 그러면 겉으로 보이는 모든 실패도 결국 성공으로 바뀔 것입니다."

많은 사람들은 부자가 되는 것이 과학적이라는 주장에 회의적일 것입니다. 그들은 부의 공급이 한정적이라며, 부를 쌓기 위해서는 사회나 정부 제도가 변화해야 한다고 생각합니다.

그러나 이는 사실이 아닙니다.

현재 정부가 대중을 빈곤에 빠뜨리는 이유는 대중이 특정한 방식으로 생각하고 행동하지 않기 때문입니다.

만약 대중이 이 책에서 제안한 대로 행동한다면, 어떤 정부나 산업 시스템도 그들을 막을 수 없을 것입니다. 모든 시스템은 대중의 행보에 맞게 수정될 것입니다. 대중이 성장하는 마음과 부자가 될 수 있다는 믿음을 가지고, 부자가 되겠다는 확고한 목적을 지닌다면, 그 어떤 것도 그들을 가난에 머물게 할 수 없습니다.

어떤 정부 아래에서도 개인은 특정한 방식으로 부자가 될 수 있으며, 많은 사람이 이러한 방식으로 부자가 된다면, 시스템은 다른 사람들의 길을 열어주기 위해 수정될 것입니다.

경쟁적인 방식으로 부자가 되는 사람이 많아질수록 다른 사람들에게 해를 끼칠 수 있지만, 창조적 방식으로 부자가 되는 사람이 많아질수록 다른 사람들에게 이로울 것입니다.

대중의 경제적 번영은 이 책에서 제시한 과학적 방법을 실천하여 부자가 된 많은 사람들에 의해 이루어질 수 있습니다. 이러한 사람들은 다른 이들에게 길을 보여주고, 진정한 삶에 대한 열망과 그것이 성취될 수 있다는 믿음, 그리고 그 목표를 달성하려는 목적을 심어줄 것입니다.

하지만 현재로서는 정부나 자본주의적 또는 경쟁적 산업 시스템이 당신이 부자가 되는 것을 막을 수 없다는 사실을 아는 것만으로도 충분합니다. 창조적인 사고의 영역에 들어서면, 이러한 모든 제약을 초월하게 될 것입니다.

그러나 당신의 생각은 항상 창조적 차원에 머물러 있어

야 합니다. 절대로 공급이 제한적이라고 생각하거나 경쟁적인 행동을 해서는 안 됩니다. 만약 예전 사고방식으로 돌아간다면 즉시 자신을 바로잡아야 합니다. 경쟁적 사고에 빠지면 신의 협력을 잃게 됩니다.

현재 행동에 직접적인 영향을 미치는 일 외에는 미래 긴급 상황을 대비하기 위한 계획에 시간을 낭비하지 마십시오. 지금 집중해야 할 것은 오늘 일을 완벽하고 성공적으로 수행하는 것입니다. 미래 긴급 상황은 그때 가서 대처하면 됩니다.

오늘 당장 어떤 조치를 할 필요가 없다면, 미래에 나타날 사업 장애물들을 미리 걱정하지 마십시오. 아무리 거대한 장애물이 멀리서 보일지라도, 특정한 방식으로 나아가다 보면 그것들은 사라지거나, 극복하거나, 우회할 방법이 나타날 것입니다.

과학적 방법으로 부자가 되려는 사람을 막을 수 있는 상황은 없습니다. 그 지침을 따르는 모든 사람은 반드시 부자가 될 것입니다. 이는 마치 2 곱하기 2가 항상 4가 되는 것과 같은 확실한 원리입니다.

가능한 재해나 난관, 불리한 상황에 대해 걱정하지 마십시오. 그것들이 당신 앞에 나타날 때 충분히 처리할 시간이 있을 것이며, 모든 어려움에는 극복할 방법이 따라오기 마련입니다.

언행을 조심하십시오. 자신이나 자기 일, 혹은 다른 어떤 것에 대해서도 낙담하거나 낙담하게 만드는 방식으로 말하지 마십시오.

실패 가능성을 인정하거나 실패를 암시하는 방식으로 말하지 마십시오.

절대로 시대가 어렵다고 말하거나 비즈니스 상황이 불확실하다고 말하지 마십시오. 경쟁적인 사고방식으로는 시대가 힘들고 비즈니스가 불확실할 수 있지만, 당신에게는 그렇지 않습니다. 당신은 원하는 것을 창조할 수 있으며, 두려움을 초월할 수 있기 때문입니다.

다른 사람들이 어려운 시간을 보내고 사업이 부진할 때, 당신에게는 가장 큰 기회가 다가올 것입니다.

세상을 진보하는 존재로 보는 연습을 하십시오. 겉보기에 악해 보이는 것들도 단지 미개한 것일 뿐이라고 생각하십시오. 항상 발전적이고 긍정적인 관점에서 말하십시오. 그렇지 않으면 자신의 신념을 부정하게 되고, 신념을 부정하면 믿음을 잃게 됩니다.

결코 실망하지 마십시오. 원하는 것을 정해진 시간에 얻지 못한다고 해서 그것이 실패라고 생각하지 마십시오. 원하는 것을 얻는 데 시간이 걸릴 수도 있지만, 결국에는 반드시 이루어질 것입니다.

그러나 신념을 유지하면 그 실패는 단지 겉보기일 뿐임

을 깨닫게 될 것입니다. 계속해서 특정한 방식으로 나아가십시오. 만약 원하는 것을 얻지 못한다면, 훨씬 더 나은 것을 얻게 될 것입니다. 그러면 처음에는 실패처럼 보였던 것이 실제로는 큰 성공이었음을 알게 될 것입니다.

한 독자가 이 책 지침을 배우고 사업을 시작했습니다. 그는 몇 주 동안 성공을 위해 열심히 노력했지만, 결정적인 순간에 일이 설명할 수 없는 방식으로 실패했습니다. 마치 보이지 않는 힘이 그를 방해하는 것 같았습니다. 그러나 그는 실망하지 않았습니다. 오히려 그 거래가 무산된 것에 감사하며 꾸준히 나아갔습니다. 몇 주 후, 훨씬 더 좋은 기회가 찾아왔고, 그는 처음 거래가 성사되지 않은 것이 오히려 다행이라고 생각하게 되었습니다. 더 지혜로운 신이 그가 작은 것에 얽매여 더 큰 기회를 놓치지 않도록 도와주었다는 것을 깨달았습니다.

당신은 신념을 유지하고 목적을 지키며, 매일 감사하는 마음으로 그날 할 수 있는 모든 일을 완벽히 수행하십시오. 그러면 겉으로 보이는 모든 실패도 결국 성공으로 바뀔 것입니다.

만약 실패를 경험한다면, 그것은 당신이 충분히 큰 목표를 세우지 않았기 때문입니다. 계속 나아가십시오. 그러면 당신이 구하던 것보다 더 큰 것이 반드시 찾아올 것입니다. 이 점을 명심하십시오.

당신이 원하는 일을 하는 데 필요한 재능이 부족해서 실패하는 일은 절대 없을 것입니다. 이 책 지침을 따르면, 당신은 일을 수행하는 데 필요한 모든 재능을 개발할 수 있습니다. 이 책에서 재능을 키우는 방법을 자세히 다루지는 않지만, 그 과정도 부자가 되는 과정만큼이나 명확하고 간단합니다.

미래에 능력 부족으로 실패할지 두려워 망설이지 마십시오. 계속 나아가십시오. 그 순간에 필요한 능력은 반드시 제공될 것입니다. 배움이 부족했던 링컨이 혼자서 미국 정부의 가장 위대한 통치 업적을 이룰 수 있었던 것처럼, 동일한 능력의 원천이 당신에게도 열려 있습니다. 맡겨진 책임을 완수하는 데 필요한 모든 지혜를 끌어모으십시오. 신념을 가지고 앞으로 나아가십시오.

이 책을 철저히 공부하십시오. 완전히 숙달할 때까지 항상 곁에 두십시오. 이 신념을 확고히 하기 위해 대부분의 오락과 즐거움을 포기하는 것이 좋습니다. 이 책과 상충하는 아이디어를 제시하는 책이나 강연은 피하고, 비관적이거나 상반되는 문헌을 읽지 말며, 그 문제에 대한 논쟁에 휘말리지 마십시오. 서문에 언급된 작가 외의 글은 멀리하십시오. 여가 시간 대부분을, 비전을 묵상하고, 감사하는 마음을 키우며, 이 책을 읽는 데 사용하십시오. 이 책에는 부자가 되는 과학에 대해 알아야 할 모든 것이 담겨 있습니다. 다음 장에서는 모든 핵심 내용을 요약해 드리겠습니다.

· 제17장 ·

부자가 되는 과학의 핵심

"인간은 자신이 갖고 싶어 하는 것, 하고 싶은 것, 또는 되고 싶은 것에 대한 명확하고 구체적인 정신적 이미지를 형성해야 하며, 모든 소망이 자신에게 주어졌다는 것에 깊이 감사하면서 이 정신적 이미지를 마음속에 간직해야 합니다."

만물이 만들어지는 '생각하는 물질'이 존재합니다. 이 물질은 원시 상태에서 우주에 스며들고, 관통하며, 그 공간을 채웁니다.

이 물질에 담긴 생각은 그 생각이 상상하는 대상을 창조합니다.

인간은 자신 생각을 통해 사물을 형성할 수 있으며, 그 생각을 무형 물질에 각인시켜 자신이 상상하는 대상을 만들어낼 수 있습니다.

이를 위해, 인간은 경쟁적 사고방식에서 창조적 사고방식으로 전환해야 합니다. 그렇지 않으면, 항상 창조적이고 결코 경쟁적이지 않은 무형의 지성과 조화를 이룰 수 없습니다.

인간은 무형 물질이 주는 축복에 대해 진실하고 적극적으로 감사함으로써 무형 물질과 완벽한 조화를 이룰 수 있습니다. 감사는 인간 마음을 무형 지성과 하나로 만들어, 인간 생각이 무형 물질에 받아들여지게 합니다. 인간은 깊고 지속적인 감사의 마음을 통해서만 창조적인 사고를 유지할 수 있습니다.

인간은 자신이 갖고 싶어 하는 것, 하고 싶은 것, 또는 되고 싶은 것에 대한 명확하고 구체적인 정신적 이미지를 형성해야 하며, 모든 소망이 자신에게 주어졌다는 것에 깊이 감사하면서 이 정신적 이미지를 마음속에 간직해야 합니다. 부자가 되고자 하는 사람은 여가 시간을 자신 비전을 묵상하는 데 보내야 하며, 그 비전이 실현되고 있다는 것에 진심으로 감사해야 합니다. 정신적 이미지를 자주 묵상하는 것과 흔들림 없는 신념의 중요성은 아무리 강조해도 지나치지 않습니다. 이것이 바로 무형 물질에 각인되고, 창조적인 힘이 작동하는 과정입니다.

창조적 에너지는 기존 자연 성장 경로와 산업 및 사회 질서를 통해 작동합니다. 위에서 제시된 지침을 따르고, 흔들림 없는 신념을 가진 사람은 자신의 정신적 이미지에 포함된 모든 것을 반드시 실현할 것입니다. 그가 원하는 것은 전통적인 무역과 상업 방식을 통해 자연스럽게 그에게 다가올 것입니다.

자신이 원하는 것을 받을 준비가 되었다면, 적극적으로 행동해야 합니다. 현재 위치에서 충실히 임하는 것 이상의 노력을 기울이십시오. 부자가 되겠다는 목적을 항상 마음에 두고, 그 목표를 실현할 정신적 이미지를 마음속에 그려야 합니다. 매일 할 수 있는 모든 일을 완벽하게 수행하고, 각 행동을 성공적으로 해내야 합니다. 자신이 받는 현금보다 더 큰 가치를 모든 사람에게 제공하고, 각 거래를 통해 모두가 더 풍요로운 삶을 누릴 수 있도록 해야 합니다. 모든 사람에게 성장의 이미지를 전달할 수 있도록 발전적인 생각을 유지하시길 바랍니다.

이 책에서 제시된 지침을 실천하는 모든 사람은 반드시 부자가 될 것입니다. 그들이 얻는 부는 그들 비전이 얼마나 명확한지, 목적이 얼마나 확고한지, 신념이 얼마나 흔들림 없는지, 그리고 감사의 깊이에 따라 달라질 것입니다.